C.H.BECK WISSEN

in der Beck'schen Reihe

« … gelitten unter Pontius Pilatus … » Weltweit wird mit diesen Worten im Glaubensbekenntnis der Christen Tag für Tag einer nur schemenhaft erkennbaren Randfigur der Geschichte gedacht, die lediglich dank der verschlungenen Wege der Geschichte zu höchster Prominenz gelangt ist. Pontius Pilatus hat seinen festen Platz im Gedächtnis der Christenheit gefunden, weil er in der Regierungszeit des Kaisers Tiberius einen gewissen Jesus von Nazareth – in seinen Augen nicht mehr als ein Aufständischer – in einem Routineakt zum Tod am Kreuz verurteilte. Doch dieser Vorgang bildete eine unentbehrliche Voraussetzung dafür, daß die Heilsgeschichte ihren Lauf nehmen konnte. Alexander Demandt beschreibt in diesem Buch die Welt des Pontius Pilatus und erhellt, was wir über ihn, seine Amtsführung, die Passionsgeschichte und über das Nachleben des kaiserlichen Statthalters in Judäa wissen.

Alexander Demandt lehrte bis zu seiner Emeritierung als Professor für Alte Geschichte an der Freien Universität Berlin. Folgende seiner Werke sind im Verlag C.H.Beck lieferbar: *Sternstunden der Geschichte* (^{2}2004); *Kleine Weltgeschichte* (^{2}2004); *Mommsen. Römische Kaisergeschichte* (^{2}2005); *Die Spätantike. Von Diokletian bis Justinian. Handbuch der Altertumswissenschaft* (^{2}2007); *Plutarch. Alexander der Eroberer* (^{2}2008); *Geschichte der Spätantike. Beck's Historische Bibliothek* (^{2}2008); *Alexander der Große* (2009); *Das Privatleben der römischen Kaiser* (^{2}2011); *Die Kelten* (^{7}2011).

Alexander Demandt

PONTIUS PILATUS

Verlag C.H.Beck

Mit zwei Abbildungen und zwei Karten

Originalausgabe

Satz, Druck u. Bindung: Druckerei C.H.Beck, Nördlingen
Umschlagentwurf: Uwe Göbel, München
Umschlagabbildung: Matthias Stomer (1600–1650),
Die Handwaschung Pilati, Louvre, Paris

Printed in Germany
ISBN 978 3 406 63362 1

www.beck.de

Inhalt

Vorwort

Männer machen Geschichte – oder ist es die Geschichte, die Männer macht? Für ersteres steht Jesus von Nazareth. Kein Mann hat je so wirkungsvoll Geschichte gemacht wie er. Für letzteres steht Pontius Pilatus, der einzig und allein durch die zufälligen Umstände seiner Amtsführung zu Weltruhm gelangte. Er war einer von Hunderten römischer Provinzialstatthalter, nicht einmal der höheren senatorischen Klasse, sondern nur der niederen ritterlichen Rangordnung. Was ihn bekannt machte, war keine militärische oder administrative Leistung, kein aufsehenerregendes Schicksal, kein ungewöhnlicher Charakter, sondern schlicht eine ganz gewöhnliche Polizeimaßnahme gegen einen «Rebellen», einen von Aberhunderten. Eine Routinehandlung. Und dennoch wäre ohne jene beiläufige Entscheidung Jesus nicht zum Heiland der Menschheit geworden, wäre die Weltgeschichte völlig anders verlaufen. Gab es je ein krasseres Mißverhältnis zwischen minimaler Ursache und maximaler Wirkung? Nur ein göttlicher Heilsplan, so glaubten und glauben die Anhänger der größten Weltreligion, kann dieses Wunder erklären.

Grundlage der Kenntnis von Jesus und Pilatus war und ist die Bibel, näherhin das, was die vier Evangelisten berichten. Solange dies als Heilige Schrift, als Gottes Wort galt, waren Zweifel an der historischen Zuverlässigkeit nicht ratsam. Bis weit ins 19. Jahrhundert gab es mancherorts Zensur und Sanktionen gegen Skeptiker. Dabei hatten sich schon in der Aufklärung Stimmen erhoben, die auch die biblische Überlieferung der historischen Kritik unterwarfen. Albert Schweitzer hat sie in seiner ‹Geschichte der Leben Jesu-Forschung› von 1906/33 gesammelt. Neben die Theologen, die den Sinn der Frohen Botschaft auslegen, traten die Historiker, denen es nicht um den Glauben, sondern um die Glaubwürdigkeit ging, um den geschichtlichen

Gehalt. Im Zentrum stand naturgemäß die Person Jesu, während sein Gegenspieler Pilatus um seiner selbst willen kaum Interesse fand. Und doch wird das Todesurteil erst im Rahmen seiner gesamten Amtsführung verständlich. Über sie wissen wir aus außerbiblischen Quellen wesentlich mehr als über Jesus, den wir nur aus christlichen Zeugnissen näher kennen.

Ich selbst habe 1999 bei Böhlau in Köln eine umfangreichere, quellengestützte Monographie vorgelegt. Sie erschien unter dem Titel ‹Hände in Unschuld. Pontius Pilatus in der Geschichte›. 2001 folgte eine Taschenbuchausgabe bei Herder in Freiburg. Dort finden sich die hier nicht angegebenen Belege. Beide Ausgaben sind leider nicht mehr im Handel. Im vorliegenden Büchlein stütze ich mich weitgehend auf jenes Werk. Doch in einem entscheidenden Punkt habe ich unter dem Einfluß von Rudolf Bultmanns ‹Geschichte der synoptischen Tradition› von 1921/57 meine Ansicht über die Passionsberichte geändert. Daher kann ich in diesem Büchlein nicht nur erzählen, sondern muß auch argumentieren. Näheres dazu liefere ich in der Festschrift für Detlef Liebs 2011. Das Ergebnis ist hier in Kapitel 6 skizziert. Es richtet sich an den kritischen Leser, der dem Historiker die Frage des Pilatus stellt. Doch nicht die Wahrheit, sondern der Wille des Menschen ist sein Himmelreich.

Mein Dank richtet sich diesmal für weiterführende Hinweise an Werner Eck in Köln, Karlheinz Muscheler in Bochum, Detlef Liebs in Freiburg und Werner Portmann in Berlin sowie für wiederum unentbehrliche Hilfe an Hiltrud Führer. Gewidmet sei das Büchlein meiner Cousine Konstanze und ihrem Mann Klaus Kirchmayer im bayerischen Eberfing.

Lindheim, 25. Februar 2012 *Alexander Demandt*

I. Die Römer im Osten

Alexander der Große hatte den Plan, die Völker der bekannten Welt unter seiner Herrschaft zu vereinen. Ihre religiösen, kulturellen und rechtlichen Traditionen durften sie bewahren, ihre führenden Männer sollten an der Regierung teilhaben, doch müsse im Reich Friede herrschen. Nach spektakulären Anfangserfolgen zerbrach das Konzept mit dem frühen Tode des Königs 323 v. Chr. Es kam zu einer Aufteilung des riesigen Reiches unter seine Generale, die Diadochen. Mit ihnen beginnt der Hellenismus, die «moderne Zeit» des Griechentums, gekennzeichnet durch die Verbreitung der griechischen Sprache und Schrift, ein Aufblühen des Städtewesens, einen Fortschritt von Technik und Wissenschaft, eine Weltwirtschaft im Raum zwischen Spanien und Indien und die Verbreitung orientalischer Erlösungsreligionen. Dieser immense Aufschwung der Zivilisation war indes überschattet von ständigen Kriegen zwischen den Mächten.

Dies bot den Römern die Möglichkeit, zur Vormacht im Mittelmeergebiet aufzusteigen. Kulturell verstanden auch sie sich als Schüler der Griechen, doch verfolgten sie durch Bündnisse und Kriege ihren Aufstieg. Nach der Einigung Italiens und dem Sieg über die Seemacht Karthago 202 v. Chr. griffen sie in die Konflikte der hellenistischen Mächte ein, indem sie sich von den jeweils schwächeren zu Hilfe rufen ließen. Nachdem sie in Griechenland den Angriffen Philipps V von Makedonien und Antiochos' III von Syrien erfolgreich entgegengetreten waren, nötigten sie 168 auch dessen Nachfolger Antiochos IV zum Rückzug, als er Ägypten erobern wollte.

Dafür suchte sich dieser gegenüber den Juden zur Geltung zu bringen, indem er seine Verehrung im Tempel zu Jerusalem verlangte. Das löste den Makkabäer-Aufstand aus. Ein römisches Bündnisangebot an die Juden von 164 v. Chr. ist sicherlich unecht, bezeugt aber ist das Interesse der Juden an einer Verbindung zu Rom, die wenig später, 161 v. Chr., von jüdischer Seite tatsächlich gesucht wurde. Im ersten Makkabäer-Buch (8,1 ff) lesen wir: «Es hörte aber Judas von den Römern, daß sie sehr mächtig wären und fremde Völker, die Hilfe bei ihnen suchten, gern in Schutz nähmen, und daß sie Treu und Glauben hielten.» Rom genoß damals den Ruf einer internationalen Ordnungsmacht. Eine Hilfe aus Rom für die Juden unterblieb, Judas Makkabäus begründete aus eigener Kraft die jüdische Unabhängigkeit unter den Nachfolgern aus seinem Hause, den Hasmonäern.

Es folgte eine labile, von Kleinkriegen geprägte Zeit. Die Schwäche sowohl der Seleukiden in Syrien als auch der Ptolemäer in Ägypten, die sich gegenseitig in Schach hielten, erlaubte den Hasmonäern, ihr Reich zu stabilisieren. Dabei erfreuten sie sich des politischen Wohlwollens des römischen Senats. Die Verbindung zu Rom wurde von den beiden Brüdern und Nachfolgern des Judas Makkabäus gepflegt. Um 145 v. Chr. erneuerte der Hohe Priester Jonathan das Bündnis. Die Juden suchten und fanden Hilfe gegen die Griechen bei den Römern, und deren Interesse an den Verhältnissen im Osten nahm erkennbar zu.

Die starke Position Roms intensivierte den Verkehr mit dem Westen, Tausende von Italikern zog es nach dem Osten, zumal nach Kleinasien. Dort versuchte Mithradates VI von Pontos zum letzten Male, als neuer Alexander eine hellenistische Großmacht aufzubauen. Rom wurde mißtrauisch, aber Mithradates ging aufs Ganze. Im Jahre 88 v. Chr. befahl er, alle Italiker in Asien zu töten. Rom sandte Sulla, dann Lucullus und schließlich Pompeius mit Heeresmacht und umfassenden Vollmachten in den Osten, Mithradates wurde 66 v. Chr. besiegt. Nun fühlte sich Pompeius als der neue Alexander und erhielt den Beinamen *Magnus*, der Große.

Pompeius ordnete den in zahlreiche Königtümer zerfallenen kleinasiatischen Raum, indem er Grenzen zog und Fürsten ein- und absetzte. Daraufhin wandte er sich nach Syrien. Auch dort herrschten seit vielen Jahren Anarchie und Bürgerkrieg. Dies barg die Gefahr, daß eine der Parteien die Parther zu Hilfe holen würde; diese Großmacht auf dem Gebiet des heutigen Irak war für Roms Herrschaftsanspruch bedrohlich. Dem wollte Pompeius zuvorkommen. Den Winter 64/63 verbrachte er im syrischen Antiochia, wo er mit dem Bruderzwist unter den Söhnen des verstorbenen Alexander Jannaeus, den Hasmonäer-Prinzen Hyrkanos II und dem jüngeren, aber tatkräftigeren Aristobul II zu tun bekam. Dieser verehrte ihm einen goldenen Weinstock, über 500 Talente schwer. In Damaskus empfing Pompeius die um Roms Gunst buhlenden Gesandtschaften der beiden Prinzen aus Jerusalem, deren jeder die Herrschaft über Judäa beanspruchte. Dazu kam eine dritte Abordnung, diesmal aus dem Volk, bestehend aus 200 Mann, die das Königtum überhaupt abschaffen und die Priesterherrschaft wiederherstellen wollte.

Aristobul II fügte sich dem Spruch des Pompeius nicht, doch sein Widerstand gegen die Legionen war aussichtslos. Pompeius nahm ihn gefangen und belagerte Jerusalem, das ihm die Anhänger Hyrkans öffneten. Bestärkt von den Priestern, verteidigten die Männer Aristobuls den Tempelberg, er wurde von den Legionen erstürmt. Pompeius betrat das Allerheiligste, wo es, wie Tacitus vermerkt, tatsächlich kein Götterbild gab, so daß die ganze Geheimniskrämerei doch eigentlich albern sei. Den Tempelschatz rührten die Römer nicht an. Hyrkan erhielt 63 v. Chr. das Amt eines Ethnarchen, eine mit weltlichen Funktionen ausgestattete Hohepriesterschaft. Ihn unterstützten die Pharisäer. Aemilius Scaurus wurde Statthalter in Syrien mit der Oberaufsicht auch über Judäa.

Erneute dynastische Wirren in Judäa nahm der nächste, im Jahre 57 ernannte Statthalter Gabinius zum Anlaß, Hyrkan politisch zu entmachten und das Land in fünf Distrikte aufzuteilen, die durch Synhedrien von Einheimischen aristokratisch verwaltet wurden; Hyrkan blieb jedoch Hoher Priester. Als der nächstfolgende Prokonsul Syriens Marcus Licinius Crassus 53 v. Chr. gegen die Parther zog, nahm er den Umweg über Jerusalem und bereicherte seine Kriegskasse mit den Geldern des Tempelschatzes. Noch im selben Jahr fiel er in der Schlacht bei Carrhae, dem heutigen Harran im türkischen Mesopotamien. Darin konnte man die Strafe Gottes für den Frevel am Tempelschatz erblicken.

Der starke Mann der Folgezeit war Antipater, Sohn eines Feldherrn des Alexander Jannaeus und selbst die eiserne Faust Hyrkans. Antipater war Idumäer, gehörte zu dem durch Johannes Hyrkanos um 126 v. Chr. zwangsjudaisierten Volk in Edom, südlich von Judäa. Die Edomiter galten als Nachkommen von Esau, dem älteren Bruder Jakobs, der jenem mit einem Linsengericht sein Erstgeburtsrecht abgelistet hatte (1. Mose 25,29 ff). Rechtgläubige Juden blickten auf die Idumäer herab. Antipater pflegte seine Beziehung zu den Römern, die ihn 55 v. Chr. zum *epimelêtês*, zum Aufseher der Juden erhoben hatten.

Eine neue Lage entstand in Judäa, nachdem Pompeius von Caesar 48 v. Chr. bei Pharsalos in Thessalien besiegt und beim Versuch, in Ägypten zu landen, getötet worden war. Als der siegreiche Caesar 47 in Syrien erschien, wiederholte sich das Schauspiel der rivalisierenden Gesandtschaften. Caesar bestätigte den Hohen Priester Hyrkan und Antipater, seinen mächtigen Feldherrn, der ihn beim Kampf um Alexandria unterstützt hatte. Der Diktator hatte dort in den Krieg zwischen Kleopatra und ihrem Brudergemahl Ptolemaios XIII eingegriffen und die Sache der Königin zum Siege geführt. Antipater erhielt das römische Bürgerrecht und die militärische Aufsicht im Lande. Jerusalem wurde wieder befestigt. Judäa mußte an Rom Tribut zahlen, wurde aber von der Pflicht, Hilfstruppen zu stellen, befreit. Das Land war damit ein Satellitenstaat Roms mit doppelter Staatsspitze.

Nach dem Tode Caesars 44 v. Chr. erschien dessen Mörder Cassius in Syrien und rüstete gegen Caesars Erben Marc Anton und Octavian. Dabei unterstützte ihn Herodes, ein Sohn Antipaters, der unter seinem Vater für Hyrkan Galiläa verwaltete. Das Land mußte ungeheure Kontributionen zahlen. Zwei Jahre später hatten die Caesarmörder durch ihre Niederlage bei Philippi ausgespielt. Abermals bemühten sich die jüdischen Parteien um die Gunst der Römer. Hyrkan behauptete sich, aber der Stern des Herodes stieg, nicht zuletzt infolge des Parthereinfalles 41 v. Chr., der ihn zur Flucht nach Rom bewog. Hier ernannte ihn der Senat auf Vorschlag von Marc Anton 40 v. Chr. zum König von Judäa anstelle Hyrkans, der sich bei den Parthern befand. Während Ventidius als Legat des Marc Anton die Parther zurückwarf und 38 Syrien besetzte, eroberte der neue Vasallenkönig Herodes gemeinsam mit römischen Truppen unter dem Prokonsul Sosius 37 v. Chr. Jerusalem, wo unter dem Schutz der Parther noch ein letztes Mal ein Hasmonäer, Antigonos, Sohn des Aristobul, regiert hatte. Seinem Widersacher Hyrkan biß Herodes «mit seinen eigenen Zähnen» die Ohren ab und machte ihn dadurch gemäß dem mosaischen Gesetz (3. Mose 21,17) untauglich für das Priesteramt.

Herodes «der Große» ist eine schillernde Figur. Seine geradezu virtuose Anpassungsfähigkeit an die jeweils Mächtigen in Rom eröffnete ihm einen Handlungsspielraum für seine außergewöhnliche Tatkraft. Als Idumäer und Sohn einer arabischen Prinzessin wurde er von den frommen Juden abgelehnt, doch betrachtete er sich selber als Jude und fand bei der hellenisierten Oberschicht Anklang. Schon während der Belagerung Jerusalems 37 v. Chr. heiratete Herodes die Mariamme, eine Enkelin des Hasmonäers Hyrkanos, und legitimierte durch diese dynastische Verbindung mit dem alten Herrscherhaus seinen Anspruch auf die Herrschaft.

Die Erben Caesars, Octavian und Marc Anton, hatten nach dem Sieg über die Caesarmörder Brutus und Cassius das Reich so aufgeteilt, daß Octavian Rom und den Westen, Antonius Alexandria und den Osten erhielt. Der Friede aber blieb nicht bestehen. Nach dem Seesieg Octavians über Marc Anton und Kleopatra bei Actium 31 v. Chr. verstand es Herodes, einst Günstling des Antonius, abermals, die Gunst des neuen Herrschers in Rom zu gewinnen. Im System des römischen Staatsrechts war er als *rex socius et amicus populi Romani*, als verbündeter und mit dem römischen Volk befreundeter König ein Satelliten- oder Klientelkönig. Solche gab es an allen Grenzen Roms. Sie besaßen die Hochgerichtsbarkeit und eigenes Militär, doch mußten sie ihr Diadem aus der Hand des Kaisers entgegennehmen, Tribut entrichten, durften Bronzemünzen prägen, aber keine eigene Außenpolitik betreiben.

Herodes regierte sein Land, indem er die zuvor bestehenden Gaue (Toparchien) königlichen Strategen unterstellte, die zivile und militärische Funktionen vereinten. Der Fortführung der seleukidischen Administration entspricht die Empfänglichkeit des Königs für die hellenistische Kultur. Judäa nahm einen wirtschaftlichen Aufschwung. Herodes baute die Festungen Masada und Herodeion, gründete im Jordantal die bald florierende Stadt Phasaëlis und nordwestlich von Jerusalem die Stadt Antipatris, bei Samaria die Stadt Sebaste und an der Küste Caesarea Maritima, beide zur Demonstration seiner Loyalität gegenüber Rom nach Caesar Augustus benannt. Caesarea, an der Stelle von «Stratons Turm» gewissermaßen aus dem Boden gestampft, war eine durch und durch hellenistische Stadt mit Palast, Hafen und Agora, mit Theater und Amphitheater, mit Aquädukt, Statuen, einem prachtvollen Tempel für Augustus und Roma und einem außerhalb gelegenen Hippodrom für 20 000 Zuschauer: Er wird uns im ersten Konflikt zwischen Pilatus und den Juden wieder begegnen.

Neben Caesarea wurde Jerusalem großartig ausgebaut. Im Westen der Stadt entstand der Palast des Herodes. Josephus bezeugt die prunkvolle Ausstattung. Auch für Sicherheit wurde gesorgt. Der König errichtete auf der Höhe nordwestlich vom Tempel eine Festung und benannte sie zu Ehren Marc Antons «Antonia». Das war natürlich vor Actium, doch hielt sich der Name. Die Burg wurde nach der Eroberung Jerusalems 70 n. Chr. von den Römern abgetragen. Die wichtigste Baumaßnahme war indes die Erneuerung des Tempels. Bis heute sichtbar ist die später so genannte Klagemauer, die gewaltige Böschungsmauer des Tempels, dessen Plateau Herodes vergrößerte. Gemäß Josephus ließ er den bestehenden Tempel abbrechen und einen neuen in doppelter Größe errichten. Nach den Bauten von Salomon und Kyros war dies der dritte Tempel. Entsprechend orthodox jüdischer Mathematik ist dies allerdings erst der zweite Tempel, denn den dritten erbaut erst künftig der Messias.

Ein trübes Kapitel bilden die Familienaffären des Herodes. Wir kennen zehn Ehefrauen. Gift und Dolch, Lüge und Verleumdung, Konspirationen und Hinrichtungen bestimmten das letzte Jahrzehnt der Herrschaft, wobei immer wieder Augustus in die Querelen einbezogen und als Richter angerufen wurde. Er soll gesagt haben, lieber wäre er eine Sau als ein Sohn des Herodes. Schweine waren wenigstens tabu. Als Herodes im Frühjahr 4 v. Chr. mit fast 70 Jahren starb und auf dem Burgberg Herodion beigesetzt wurde, endete die zweite kurze Phase, wenn auch nur prekärer jüdischer Eigenstaatlichkeit bis zur Gründung des Staates Israel am 14. Mai 1948.

Herodes hatte in seinem dritten Testament das Reich unter drei seiner Söhne geteilt. Während diese mit ihrem jeweiligen Gefolge in Rom sich gegenseitig beschuldigten, erschien eine vierte Gesandtschaft vor dem Kaiser. Der seit 6 v. Chr. amtierende Legat von Syrien, Publius Quinctilius Varus, 9 n. Chr. im Teutoburger Wald gefallen, hatte sie genehmigt. Sie kam vom «Volk», bestand aus fünfzig Frommen, denen sich in Rom noch über achttausend Mitglieder der dortigen Gemeinde anschlossen. Derartige Massenauftritte waren bei den Juden beliebt und haben sie in Verruf gebracht. Augustus empfing die Deputierten. Sie baten ihn darum, die verhaßten Herodeer durch römische Statthalter zu ersetzen. Sie wünschten Aufnahme in den Reichsverband, nur Rom böte Ruhe.

Augustus indessen akzeptierte das Testament. Archelaos, der älteste überlebende Sohn von Herodes dem Großen, erhielt als Ethnarch, nicht als König, die Hälfte des Reiches: Judäa, Samaria und Idumäa. Herodes Antipater oder kurz Antipas, das «Ebenbild seines Vaters», wie der Name nicht zufällig besagt, bekam als Tetrarch (Viertelfürst) Galiläa und Peräa; Philippos das Gebiet um die Golan-Höhen, die Gaulanitis östlich vom See Genezareth. Seit 4 v. Chr. zerfiel das Reich des Herodes somit in drei von Rom abhängige Fürstentümer.

Die drei Söhne des Herodes entwickelten sich unterschiedlich. Philippos regierte friedlich. Gegen Ende seines Lebens heiratete er die um dreißig Jahre jüngere Herodiastochter Salome. Philippos starb 34 n. Chr., ohne Kinder zu hinterlassen; sein Gebiet wurde der Provinz Syrien zugeschlagen. Herodes Antipas war mit einer Tochter des Araberkönigs Aretas IV vermählt, aber wurde in einen Krieg mit seinem Schwiegervater verwickelt (S. 63). Antipas trat ebenfalls als Bauherr und Städtegründer in Erscheinung. Er ließ Johannes den Täufer hinrichten (S. 24) und stellte – nach Lukas (13,22) – auch Jesus nach. Als ihn die Pharisäer vor Antipas warnten, nannte er diesen einen «Fuchs». Die Teilnahme an der Wallfahrt zu Passah nach Jerusalem läßt Antipas als frommen Juden erscheinen.

Archelaos wetteiferte mit seinem Vater in Prachtentfaltung, namentlich in seinem Palast zu Jericho, aber auch in seiner Grausamkeit und seinem zügellosen Privatleben. Die von den Frommen sofort erhobene Forderung, den von Herodes eingesetzten Hohen Priester abzulösen, führte zum Aufruhr. Am Passah-Fest 4 v. Chr. kochte er hoch, Archelaos schickte Reiterei, Josephus spricht von dreitausend Toten. Während der Ethnarch sich nach Rom begeben hatte, um sich von Augustus bestätigen zu lassen, versuchte der Prokurator Sabinus, ein Untergebener des Legaten von Syrien, sich in Jerusalem der Schätze zu bemächtigen, die Herodes testamentarisch für den Kaiser und seine Familie bestimmt hatte. Zu Pfingsten 4 v. Chr. belagerten die jüdischen Wallfahrer den Sabinus in der Burg von Jerusalem, bei den Kämpfen wurden die Säulenhallen um den Tempel zerstört. Allenthalben kam es zu Aufständen gegen die Herodeer und die Römer. Als Judäa sich in eine «wahre Räuberhöhle» verwandelt hatte, erschien der Legat Quinctilius Varus aus Syrien. Er besiegte die Empörer, befreite Sabinus aus der Antonia und ließ eine Legion als Besatzung zurück. Zweitausend Rebellen wurden gekreuzigt, die Anführer zur Aburteilung nach Rom gesandt. Die Schätze, die Herodes dem Kaiser vermacht hatte, übereignete dieser den Söhnen des Königs.

Archelaos regierte sein Land nur neun Jahre. Entgegen dem jüdischen Gesetz nahm er die Witwe seines Bruders Alexander zur Frau, wechselte die Hohen Priester nach Gutdünken aus und verübte solche Grausamkeiten, daß sich die Juden und die stets mit ihnen verfeindeten Samaritaner zusammentaten und sich bei Augustus beschwerten. Abermals baten sie um Aufnahme ins Römerreich. Archelaos vermochte sich nicht zu rechtfertigen und wurde in einem ordentlichen Gerichtsverfahren im Jahre 6 n. Chr. nach Vienne in Gallien verbannt. Judäa wurde der Provinz Syrien angegliedert, bewahrte aber unter eigenen Präfekten eine gewisse Selbständigkeit.

Augustus ernannte den Ritter Coponius zum ersten *praefectus Judaeae*, ihm übergeordnet den Senator und Konsular Publius Sulpicius Quirinius zum «Stellvertreter des Kaisers im Rang eines Prätors für die Provinz Syrien» – lateinisch: *legatus Augusti pro praetore provinciae Syriae*. Er residierte in Antiochia, im Palast der Seleukiden, und befehligte – angesichts der Parthergefahr – vier Legionen mit 20 000 Schwerbewaffneten und weitere Hilfstruppen. Zugunsten einer ordentlichen Besteuerung befahl Augustus 6 n. Chr., in Syrien und Judäa eine Volkszählung durchzuführen, die unter dem «Landpfleger Cyrenius» in die Weihnachtsgeschichte bei Lukas (2,2 f) eingegangen ist. Die Steuerschatzung wurde von dem Evangelisten zeitlich verschoben und zu einem Reichszensus ausgeweitet, um die Geburt Jesu mit der großen Geschichte zu verbinden und um ein Motiv für die angebliche Wanderung von Joseph und Maria nach Bethlehem zu gewinnen. Der Zensus bot Anlaß zu neuen Unruhen. War doch schon die Volkszählung Davids (2. Samuel 24) als Gotteslästerung von Jahwe mit Pestilenz bestraft worden!

2. Religion in Judäa

Die Juden unterscheiden sich von den übrigen Völkern im Römischen Reich dadurch, daß sie sich wie kein anderes mit ihrer Religion identifizierten. Und diese ihre Religion unterscheidet sich von allen anderen Glaubensformen der alten Welt in vielfacher Hinsicht. Die Andersartigkeit der Juden hat immer wieder zu gewaltsamen Zusammenstößen mit den Nachbarn geführt; das strenge Traditionsbewußtsein aber hat auch bewirkt, daß die Juden als Volk überlebt haben und nicht wie die allermeisten Völker der Antike aus der Geschichte verschwunden sind.

Die Religion der Juden in der Antike ist durch drei Elemente gekennzeichnet: durch den Monotheismus, das mosaische Gesetz und den Tempelkult in Jerusalem. Die Vorstellung, daß es nur einen Gott gebe, der ewig und allmächtig ist, hat sich nur langsam herausgeschält. «Jahwe» hieß wahrscheinlich der Stammesgott der nach Kain genannten Keniter in Midian östlich von Akaba, zu denen die Frau Moses gehörte. Das erste Gebot «Ich bin der Herr dein Gott, du sollst keine anderen Götter haben neben mir», verbietet den Israeliten, die Götter anderer Völker zu verehren, wie solches im Altertum durchaus üblich und statthaft war. Denken wir nur an Alexander den Großen, der den Göttern jedes Landes, das er betrat, üppige Opfer dargebracht hat.

Im Laufe der Zeit stieg Jahwe auf zum Gott der Götter, die in den Rang von Völkerengeln absanken. Bei Amos, um 750 v. Chr., ist Jahwe sodann der Herr aller Völker. Aus der Verehrung eines einzigen Gottes, der Monolatrie, wurde ein Henotheismus, der den eigenen Gott als den höchsten ansah, und daraus der Monotheismus, der außer dem eigenen Gott allen anderen die Göttlichkeit oder gar die Existenz absprach. Daß die Götter der anderen Völker ebenfalls Götter seien, wurde erst spät bestritten. Seit der Zeit Jesu gelten die fremden Götter als Dämonen und Trabanten des Teufels. Im Gegensatz zu allen anderen antiken Völkern stellten die Juden ihren Gott nicht bildlich dar und scheuten sich, seinen Namen auszusprechen. In modernen wissenschaftlichen Texten englischsprachiger Juden findet sich für das Wort *God* die Schreibweise *G-d*.

Einzigartig in der Antike war zudem die schriftliche Überlieferung des Religionsgesetzes. Das mit dem Namen Moses verbundene «Fünfbuch», der Pentateuch (eigentlich «die», *hê pentateuchos biblos*) oder die Thora beschreibt die mythische Frühzeit von der Schöpfung bis zum Tode Moses und regelt das religiöse, soziale und rechtliche Leben der Juden in minutiösen Einzelbestimmungen. Die älteren Teile der Sammlung werden zwei Autoren zugewiesen, unterschieden nach der Verwendung des Gottesnamens, dem Jahwisten, der im 9. Jahrhundert im Südreich Juda schrieb, und dem Elohisten, der im 8. Jahrhundert im Nordreich Israel lebte. Die Schlußredaktion erfolgte durch Esra den Schreiber unter den Persern, wahrscheinlich 444 v. Chr.

Die auffälligsten mosaischen Lebensregeln waren die Beschneidung, die Sabbatruhe und die Speisevorschriften. Die Beschneidung, die auch die Ägypter übten, galt als Bundeszeichen (2. Mose 12,48). Vorhäute besiegter Feinde dienten als Trophäen wie Skalpe bei den Irokesen; David lieferte zweihundert Vorhäute von Philistern an Saul, um dessen Tochter Michal zur Frau zu gewinnen (2. Samuel 3,14). Das Sabbatgebot entspricht der Unterscheidung zwischen Glücks- und Unglückstagen im Kalender auch anderer Völker. In Rom unterschied man *dies fasti* und *dies nefasti*, abgeleitet von *fas*, göttliches Recht. Dort herrschte an den *dies nefasti* Gerichtsruhe. Der Sabbat jedoch enthielt ungleich mehr Verbote. Alle Arbeit hatte zu ruhen. Selbst auf Feueranzünden (2. Mose 35,2 f) und Holzauflesen stand Steinigung. Die mosaischen Speisetabus beruhen auf Reinheitsvorschriften. Untersagt waren der Genuß von Blut (1. Mose 9,4), von Speisen aus fremden Händen (Daniel 1,8) und der Verzehr unreiner Tiere, namentlich von Schweine- und Hasenfleisch (3. Mose 11). Diese Gebote machten eine Speisegemeinschaft mit Fremden unmöglich. Auch Mischehen wurden wieder aufgelöst. Die biblische Mehrehe der Patriarchen war in römischer Zeit außer Gebrauch, doch hat sich Herodes der Große anscheinend noch auf das alte Gesetz berufen.

Zentrum des jüdischen Kultes war seit der Eroberung der Jebusiterstadt Jerusalem (2. Samuel 5,6 ff) und der Überführung der Bundeslade durch David die «hochgebaute Stadt» mit dem von Salomon errichteten, dann unter Kyros beziehungsweise Darius und schließlich durch Herodes erneuerten Tempel. Der Besuch war schon 198 v. Chr. durch den Seleukiden Antiochos III für Fremde – und damit für ihn selbst – unter Strafe gestellt worden.

Wie die meisten großen antiken Heiligtümer besaß der Jerusalemer Tempel einen Schatz, hebräisch *korban* – Geschenk. Im Unterschied zu den antiken Tempelschätzen enthielt er aber nicht Weihegaben, sondern Geld, das aus Spenden, dem Erlös verkaufter Weihegaben, vor allem aber aus der Tempelsteuer stammte, denn jeder Jude hatte jährlich eine Doppeldrachme zu entrichten, eine Silbermünze von Daumennagelgröße (Mt. 17,24 ff). Dies entsprach einem zweifachen Tagesverdienst (Mt. 20,2). Aus diesem Kapital wurden die

Opfer und die Kosten des Kultes bestritten, bisweilen auch gemeinnützige Unternehmungen, etwa Mauerbauten.

Die wichtigste Kulthandlung bildete – ähnlich wie bei den übrigen Religionen des Altertums – das Speiseopfer. Man glaubte, die Götter bedürften der Ernährung durch die Menschen, darum verbrannte man einen Teil des Opfertieres – in der Regel den ungenießbaren –, dessen «lieblicher Geruch» auch Jahwe erfreute (1. Mose 8,21), während der Rest von den Priestern oder der Gemeinde verzehrt wurde. Einzelne Opfergaben wurden als ganze verbrannt, dafür verwendete Philo Judaeus das griechische Wort *holokauston*. Es gab das Morgen- und das Abendopfer, daneben Fest-, Dank- und Sühneopfer, durch welche die Gottheit gnädig gestimmt werden sollte. Geopfert wurden sowohl Tiere, in Jerusalem vorrangig Widder und Tauben, als auch Backwaren und Feldfrüchte, Öl, Wein und Weihrauch.

Der Tempeldienst war Sache der Priester. Anders als Griechen und Römer, bei denen Laien den Gottesdienst versahen, gab es bei den Juden einen eigenen Priesterstand. Er war erblich in bestimmten Familien, so bei der des Eli aus dem Stamme Levi und bei der des Sadok, der unter David auftrat und seinen Stammbaum auf Aaron zurückführte. Die Sadokiten dominierten in Jerusalem, während die überwiegend als Landpriester tätigen Leviten nur untergeordnete Bedeutung besaßen. An der Spitze der Geistlichkeit stand der Hohe Priester, griechisch *archiereus*, der bei der Einsetzung gesalbt wurde und mit Hilfe der Tempelsklaven das tägliche Tempelopfer vollzog. Er amtierte auf Lebenszeit, galt als Mittler zwischen Gott und Volk und gewann während des Makkabäerkrieges politische Bedeutung.

Seit Antiochos IV wurde das Amt des Hohen Priesters von den syrischen Machthabern nach Gutdünken vergeben, in Einzelfällen an den Meistbietenden verkauft. Mit der Ernennung des Makkabäers Jonathan durch den Seleukiden Alexander Balas 153 v. Chr. wurde das Amt in dessen Familie erblich, verlor aber an Bedeutung, als Herodes und die Römer über die Besetzung entschieden. An die Stelle der Salbung trat eine Investitur. Sobald Judäa 6 n. Chr. Provinz wurde, bestellte Quirinius den Ananias anstelle des Joazar, der vom Volk nicht anerkannt wurde. Dem Ananias oder Ananos, biblisch Hannas, folgten seine fünf Söhne und dann sein Schwiegersohn Kaiphas. Ein- und Absetzung war zunächst Sache der Römer, doch überließen sie dieses wichtige Recht dem Hause des Herodes. Wenn im Neuen Testament von Hohen Priestern in der Mehrzahl die Rede ist, sind die abgesetzten Amtsträger und deren Verwandte gemeint. Mit dem Fall Jerusalems 70 n. Chr. erlosch das Amt. Seit etwa 200 v. Chr. gab es neben dem Hohen Priester den von ihm geleiteten Hohen Rat, griechisch Synhedrion, aramäisch Sanhedrin. Er bestand aus den «Ältesten» der großen Familien, zumal der Priestergeschlechter, und den Schriftgelehrten, griechisch *grammateis*, die zumeist Pharisäer waren.

Höhepunkte des religiösen Lebens waren die drei Wallfahrtsfeste, zu denen Tausende nach Jerusalem strömten. Die Pfingsterzählung der Apostelgeschichte (2,9 ff) nennt Juden aus Parthien, Medien, Elam, Mesopotamien, Kappadokien, Pontus, Asia, Phrygien, Pamphylien, Ägypten, Libyen, Kyrene, Rom, Kreta und Arabien. Alle drei Feste: Passah, Pfingsten und Laubhüttenfest, waren anfangs wohl Naturfeste, dienten später aber der Erinnerung an mythisch-historische Ereignisse: Passah (ursprünglich Frühlingsbeginn, später bei Vollmond nach Frühlingsbeginn) gemahnte an den Auszug aus Ägyptenland. Sieben Wochen später, am «fünfzigsten» (griechisch *pentêkostê*) Tag, erinnerte das Wochenfest Pfingsten (ursprünglich Erntedank) an die Offenbarung der Zehn Gebote am Sinai und das Laubhüttenfest (ursprünglich Weinlese) an die Tempelweihe unter Salomon. Zu diesen Festen erschien der Hohe Priester in den heiligen Gewändern, die in der von den Römern besetzten Burg Antonia sorgsam verschlossen gehalten wurden. In der Zeit der römischen Herrschaft, und schon zuvor, kam es bei den Passah-Festen häufig zu Unruhen in den religiös erregbaren Massen. Deswegen war gewöhnlich der Statthalter aus Caesarea mit einer Wachtruppe anwesend. Im Mittelpunkt des Passah-Festes stand das Opfer im Tempel und das Passah-Mahl. Hauptspeise am «Fest der ungesäuerten Brote» war das Passah-Lamm. Man tafelte am Vorabend des Festes im Kreis der Familie oder in Pilgergenossenschaften; zu diesen läßt sich auch der Kreis der Jünger zählen.

Das Judentum war vielfältigen Einflüssen ausgesetzt und hat auf diese unterschiedlich reagiert. Es bildeten sich einzelne Richtungen, von Flavius Josephus mit griechischen Philosophenschulen verglichen. Die Parallele ist insofern irreführend, als wir bei den jüdischen Sekten keine Stifter kennen, wie sie Platon für die Akademie oder Zeno für die Stoa darstellen. Auch gehen die Lehrmeinungen nicht entfernt so weit auseinander wie die Ansichten der griechischen Philosophen über Gott, Welt und Mensch. Kritik an Mythos und Tradition, so grundlegend für das philosophische Denken der Griechen seit der jonischen Aufklärung im 6. Jahrhundert v. Chr., fehlt bei den Juden ebenso wie die Bemühung um wissenschaftliche Erfassung der Natur. Schließlich war die Zugehörigkeit zu einer jüdischen Glaubensrichtung Sache der Familie, so wurde beispielshalber Paulus zum Pharisäer erzogen.

Alle jüdischen Sekten sahen sich selbst als die echten Bewahrer der mosaischen Tradition und erwarteten den Messias. Sie betrachteten und behandelten sich gegenseitig allerdings nicht mit der Feindschaft, die später zwischen den jüdischen und den christlichen Glaubensrichtungen und unter den letzteren herrschte. Dies mag damit zusammenhängen, daß es keine institutionalisierte jüdische Hierarchie gab, die den rechten Glauben hätte erzwingen können, so wie das später die römische Kirche versuchte. Der Jerusalemer Tempel war jedenfalls nicht der Hort der Dogmatik, sondern der Mittelpunkt des Kultes.

Die im Neuen Testament am häufigsten genannte Gruppe ist die der Pharisäer. Aus dieser Schule sind auch die Jünger Jesu hervorgegangen; daraus erklärt sich die Gegnerschaft gerade der Pharisäer. Ihr Name ist vermutlich eine Fremdbezeichnung, er bedeutet «die Abgesonderten» und verweist auf ihre betonte Frömmigkeit. Dies spiegelt sich darin, daß die meisten Schriftgelehrten, das heißt Thorakundigen, dieser Richtung zugehörten. Die Pharisäer beteten dreimal täglich, fasteten zweimal wöchentlich, übten Wohltätigkeit und zahlten den Zehnten. Sie beachteten eine Unzahl von Geboten und Verboten, um die Heiligkeit des Tempeldienstes auch im Privatleben zu erreichen. Beim Volk standen die Pharisäer in hohem Ansehen. Nach ihrem Glauben werden die Bösen mit ewiger Kerkerhaft in der Feuerhölle bestraft, die Guten am Ende der Zeit mit einem neuen Leib zu neuem Leben belohnt, so wie Jesus das lehrte. Typisch für die Pharisäer ist weiterhin ihr Glaube an Engel, an Wunder und an den «Geist» (griechisch: *pneuma*).

Den Pharisäern stehen im Neuen Testament (Apg. 23,8) die Sadduzäer gegenüber. Sie bildeten die mit dem Griechentum sympathisierende reiche Oberschicht, insbesondere den Priesteradel Jerusalems, wo sie das Synhedrion dominierten. Auch Kaiphas und die Hohen Priester, die Jesus gefangennahmen, verhörten und an Pilatus auslieferten, sind als Sadduzäer bezeugt (Apg. 5,17). Die Sadduzäer lehnten die bloß mündlich tradierten Gebote ab, bestanden gegenüber dem Fatalismus der Pharisäer auf dem freien Willen, verwarfen den Glauben an Geister, an ein Weltgericht und an ein Nachleben der Toten. Insofern vertreten sie das ältere jüdische Glaubensgut. Für Jesus und die Evangelisten gehörten sie samt den Pharisäern zu den «falschen Schlangen» (Mt. 3,7; 12,34).

Die Gruppe, über die wir am meisten vernehmen, sind die Essener. Sie sonderten sich von den übrigen Juden und vom Tempelkult in Jerusalem ab und schlachteten keine Opfertiere. Die heiligen Schriften aber studierten sie täglich und führten ein asketisches Ordensleben. Die strenge Richtung verzichtete auf Ehe und Nachkommen. Weltliche Wissenschaft verwarfen sie. Die Essener mißbilligten die Sklaverei, den Kriegsdienst und den Eid und lebten in Gütergemeinschaft unter selbstgewählten Oberen. Sie vermieden die Städte, trieben Ackerbau und übten Handwerke aus, gestatteten untereinander jedoch keine Handelsgeschäfte. Gold und Silber gab es bei ihnen nicht. Wahrscheinlich zählte zu ihnen die Gemeinde von Qumran, die in ihrer klosterähnlichen Siedlung am Toten Meer den Messias erwartete.

Neben den Pharisäern, den Sadduzäern und den Essenern nennt Josephus noch eine vierte Schule, die griechisch als Zeloten, Eiferer, bezeichnet werden. Sie beanspruchten gleichfalls besondere Frömmigkeit, vertraten nun aber im Gegensatz zu den quietistischen Essenern einen unbedingten Aktionismus. Ihr Gründer war der kriegerische Judas von Gamala. In ihren Auffassungen standen sie den Pharisäern nahe, sie unterwarfen sich aber keiner politischen Macht, da sie die Theokratie verkündeten und allein Gott als König anerkannten. Dies führte zum Zusammenstoß mit Rom, bei dem sie jedes Martyrium auf sich nahmen. Die Sikarier, «Dolchmänner», verfolgten sozialrevolutionäre und messianische Ziele und erdolchten ihre jüdischen Gegner im Gedränge der hohen Feste. Die Sikarier bildeten den Kern der Aufständischen im Jüdischen Krieg unter Nero.

Josephus verschweigt die Gemeinde von Johannes dem Täufer, obschon er ihn selber nennt. Johannes, der Sohn des Zacharias und der Elisabeth, stammte aus altem Priesteradel (Lk. 1,5). Sein Geburtsdatum unter Herodes dem Großen dürfte zutreffen, jedoch die Kindheitsgeschichten, namentlich die Begegnung der schwangeren Mütter (Lk. 1,39 ff) sind legendär. Johannes lebte asketisch: trug einen zottigen Kamelhaarmantel, trank keinen Wein und nährte sich als Eremit in der Wüste von gerösteten Heuschrecken und wildem Honig (Mt. 3,4). Seine ungemein populäre Predigt mahnte zur Buße, zum Fasten und zur Nächstenliebe. Johannes verkündete das nahe Weltgericht und wetterte gegen Pharisäer und Sadduzäer. Wie Jesus lehrte er auch die Zöllner und wurde selbst von vielen für den Messias, den Christos, gehalten, wie Lukas (3,15) schreibt. Johannes aber erklärte sich lediglich als neuen Elias (Lk. 1,17) für dessen Wegbereiter.

Die von Johannes geübte Taufe, die Jesus, anders als seine Jünger, selbst nicht vollzog (Joh. 4,2), knüpfte an die rituelle Waschzeremonie an, die den zum Judentum übertretenden Fremden, den Proselyten vorgeschrieben war. Johannes kritisierte Herodes Antipas wegen seiner unkanonischen Heirat und wurde 29 n. Chr. auf der Festung Machärus inhaftiert, damit er das Volk nicht zum Aufruhr reize, wie Josephus bemerkt. Wenig später ließ der Tetrarch den Prediger enthaupten. Die Geschichte von Salome, die auf dem Geburtstag ihres Stiefvaters getanzt und zum Lohn das Haupt des Johannes erhalten habe (Mt. 14,6 ff), ist schwerlich historisch. Aus dem Gefängnis hatte er, gemäß Matthäus (11,3), Jesus fragen lassen: «Bist du der, der da kommen soll, oder sollen wir eines anderen warten?» Seine Rolle als Vorläufer des Messias aus Nazareth ist eine christliche Interpretation.

Jesus hat anfangs zu den Jüngern des Täufers gehört. Sie lebten streng (Mt. 9,14), sie dienten ihm als Boten (Mt. 11,2) und begruben ihn (Mt. 14,12). Zwei von ihnen, Petrus und Andreas, wurden die ersten Jünger Jesu (Joh. 1,35 ff). Das ‹Vater Unser› wurde von Jesus formuliert nach dem Muster des Gebetes, das Johannes seine Jünger gelehrt hatte (Lk. 11,1). Paulus traf in Ephesus auf Jünger des Johannes, die offenbar ebenso missionierten wie er selbst. Es gelang ihm, sie auf Jesus umzutaufen (Apg. 19,1 ff). Die von Johannes gestiftete Täuferreligion der Mandäer existierte im Irak noch unter Saddam Hussein.

Als Ableger des Judentums gelten die Samaritaner. Sie gehen zurück auf die Zeit des geteilten Reiches, als um 870 v. Chr. der König Omri die Stadt Samaria gründete. Ihre Kultgemeinschaft ist seit dem 4. Jahrhundert v. Chr. faßbar, als sie auf dem Samaria benachbarten, dem «gesegneten Berg» Garizim (5. Mose 11,29) ihren Tempel erbauten. Als eine Art Gegenjerusalem wurde er 128 v. Chr. von den Hasmonäern zerstört, die aber den Kult nicht unterbinden konnten. Nach dem Glauben der Samaritaner wurde auf dem Garizim Adam geschaffen, legte Noah mit der Arche an, träumte Jakob von der Himmelsleiter.

Die Samaritaner erkennen nur die fünf Bücher Moses an und besaßen Synagogen innerhalb wie außerhalb von Palästina. Sie erwarten einen *Taheb* genannten Messias-Propheten (5. Mose 18,18), der beim Versöhnungsfest, dem höchsten Feiertag der Samaritaner, erscheinen sollte. Der Johannes-Evangelist (4,25) legt dem samaritischen Weib das Wort in den Mund: «Ich weiß, daß der Messias kommt», Jesus aber betont: «Das Heil kommt von den Juden.» Samaritaner und Juden lebten in Feindschaft, man aß und trank nicht gemeinsam (Lk. 9,52f; Joh. 4,9). Im Zusammenhang mit Beschwerden über Pilatus (S. 63) erfahren wir, daß sie einen Rat, eine *boulê*, und damit eine gewisse Selbstverwaltung besaßen. Zur Zeit Jesu zerstritten sich die Samaritaner, als ein Prophet namens Dositheos auftrat und sich als neuen Moses ausgab (S. 63).

Neben den Juden und Samaritanern gab es in Judäa auf dem Lande Angehörige der alten kanaanäischen Baalsreligion, in den Städten Anhänger des griechischen und des römischen Götterglaubens. Die Römer waren seit Pompeius Herren im Lande. Sollte die Religion der Herrschenden nicht zugleich die herrschende Religion sein? Das Bedürfnis nach einer Art Reichsreligion zeigt sich in der Institution des Kaiserkultes. Er wurzelt in der bei den Griechen eigenen Nähe zwischen Göttern und Menschen. Im Zuge der Hellenisierung Roms drangen diese Vorstellungen auch nach Westen vor. Nachdem bereits der «Befreier Griechenlands» Titus Quinctius Flamininus nach seinem Sieg über Philipp V 197 v. Chr. im Osten kultisch verehrt worden war, wurden erfolgreiche Feldherren als Retter gefeiert. Caesar hieß nach seinem Tode *Divus Caesar*, der «unter die Götter versetzte» Caesar. Augustus hat kleinasiatischen Städten erlaubt, ihn – oder seinen Genius – gemeinsam mit der Göttin Roma zu verehren. Die *consecratio* vollzog das Totengericht im Senat, der die Himmelfahrt des Verstorbenen feststellte oder die *damnatio memoriae* verfügte – so noch unter den ersten christlichen Kaisern.

Der Kaiserkult spielte sich hauptsächlich in den hellenisierten Städten ab. Caesarea und Sebaste besaßen Kaisertempel und Vierjahres-Spiele. Daneben war der Kaiserkult Zeremoniell der Legionen wie der Hilfstruppen. Jedes Lager besaß ein Heiligtum (*sacellum*), in dem außer der Kriegskasse die Feldzeichen und das Bild des Kaisers aufbewahrt wurden. Die Zeremonie des Kaiseropfers, bei der niemand gefragt wurde, was er dabei denke, war den Juden und später den Christen ein Greuel. Das hat viel Unheil gestiftet. Um ihre Loyalität zu beweisen, haben die Christen für den Kaiser gebetet und die Juden ihm gestattet, für das tägliche Opfer im Jerusalemer Tempel zwei Lämmer und einen Stier zu stiften. Rom ehrte Jahwe.

Abgesehen von dem bei offiziellen Anlässen zelebrierten Kaiserkult haben die Römer ihren Auftrag nicht darin gesehen, den Völkern ihre Religion zu bringen. Sie brachten ihren Frieden, ihre Zivilisation, ihr Recht – wobei diese Ideale nicht als römisch, sondern als universal empfunden wurden. Anders als bei den europäischen Kolonialherren gab es im Gefolge der römischen Expansion keine Missionare. Der griechisch-römische Polytheismus kannte keine Orthodoxie, keine Häresie, keine Dogmatik, keine Inquisition, keinen Glaubenskrieg. Eine allein selig machende Lehre konnte es schon darum nicht geben, weil Religion überhaupt nicht selig machen sollte, sondern allein der Bitte um, beziehungsweise dem Dank für Gottesgaben galt, für Wachsen, Blühen und Gedeihen. Unsterblichkeit versprachen die östlichen Mysterienkulte und Erlösungsreligionen, die jedoch nie Alleingeltung beanspruchten.

Der antike Mensch fragte nicht, welche Religion «die richtige» sei. Ein Streit darüber gliche dem bei Cicero beschriebenen Zank zwischen Mensch, Ameise und Stier, wer die schönere Gestalt besäße. Die Vielzahl der Kulte erschien naturgegeben. Platon erklärte, der Schöpfer habe die Weltgegenden unter die Götter aufgeteilt, und das meinte noch zur Zeit Marc Aurels der Christengegner Kelsos. Man glaubte an die Übersetzbarkeit der Götternamen. Der Gott des Krieges, die Göttin der Liebe und der Gott des Himmels usw. hießen eben bei einzelnen Völkern verschieden. Der Zeus der Griechen entsprach dem römischen Juppiter, dem ägyptischen Ammon, dem keltischen Taranis, dem südgermanischen Donar, dem skandinavischen Thor, dem persischen Ahura Mazda und sogar dem jüdischen Jahwe.

Darüber hinaus war es jedem Menschen freigestellt, die Götter nach eigenem Ermessen zu verehren oder aber überhaupt für Chimären zu halten. Es gibt eine Tradition des Atheismus von der jonischen Aufklärung der Vorsokratiker über die Materialisten und Sophisten bis zu Spöttern wie Lukian im 2. Jahrhundert n. Chr. Auch der biblische Pilatus gehörte zu den Skeptikern (S. 86). Die Römer haben ins religiöse Leben der Völker nur dann eingegriffen, wenn öffentliches Ärgernis erregt wurde, wie bei den ägyptischen Ritualen in der Stadt Rom, wenn die Prinzipien der Humanität verletzt wurden, wie bei den Kinderopfern der Karthager, oder wenn politische Konspiration befürchtet wurde, so bei den keltischen Druiden oder den jüdischen Messiasgestalten.

Der Messiasgedanke war mehr als eine religiöse Idee. Der für Juden wie Christen zentrale Begriff «Messias» ist die gräzisierte

Fassung von aramäisch *meschiha*, hebräisch *hammaschiah*, was ebenso wie griechisch *christos*, abgeleitet von *chriô* – ich salbe, «der Gesalbte» bedeutet. Die Salbung ist ein altorientalisches, bei den Ägyptern und den Hethitern bezeugtes Ritual der Erhebung von weltlichen und geistlichen Würdenträgern, ähnlich der Investitur, der Inthronisation oder der Krönung bei anderen Völkern. Sie wurde bei den Israeliten auch zur Priesterweihe vollzogen. Im Griechischen wird für den Messias neben *christos* auch *kyrios* – Herr oder *sôtêr* – Retter gebraucht, im Lateinischen *salvator* – Heiland, der das Heil (*salus*) bringt, oder *vindex* – Erlöser, der die Freiheit herbeiführt. Er wird als «Sohn Gottes» und als «Menschensohn» bezeichnet. Jesus und die späteren Messiasgestalten waren nicht wirklich gesalbt. Schon vor der Szene in Bethanien (Mk. 14,3 ff) ist Jesus der Christos.

Die Hoffnung auf einen gottgesandten Retter am Ende der Zeiten war bei vielen Völkern verbreitet. In der persischen Religion Zarathustras wurde der Saoschyant erwartet, bei dessen Erscheinen die Welt geläutert wird und die Toten auferstehen. Manichäische Texte verkünden die Ankunft des «Großen Königs». Die Mithrasanhänger warten auf den wieder Fleisch gewordenen Mithras. Nach der Lehre des Islam wird das Werk Mohammeds dereinst vom Mahdi, dem «Rechtgeleiteten», vollendet, der die Ungläubigen bekehrt oder vernichtet und eine gerechte Verteilung der Güter vornimmt.

Die jüdische Messiaserwartung trägt von Anbeginn politische Züge. Als der «Gesalbte Jahwes» wird im Alten Testament der jeweilige König bezeichnet, so Saul im ersten Buch Samuel (24,7), David im zweiten (19,22), Zedekia in den Klageliedern Jeremias (4,20). Der Prophet verhieß die Erneuerung des Reiches von Juda und Israel durch einen Sproß aus dem Hause Davids (Jer. 23,5 f), aber Zedekia, der letzte König von Juda, nahm 587 ein trauriges Ende in der Babylonischen Gefangenschaft. Die Messiashoffnung reicht möglicherweise in frühere Zeiten zurück, so die Prophezeiung Bileams: «Es wird ein Stern aus Jakob aufgehen und ein Zepter aus Israel aufkommen und wird zerschmettern die Schläfen der Moabiter und den Scheitel aller

Söhne Seths» (4. Mose 24,17). Den Stern versetzte Matthäus (2,2) in die Weihnachtsgeschichte.

Auftrieb erfuhr die Messiashoffnung während des Babylonischen Exils. Als der Perserkönig Kyros dann im Jahre 539 Babylon erobert hatte und im folgenden Jahre den Juden die Heimkehr und den Wiederaufbau des Tempels gestattete, wurde er, der Verehrer Ahura Mazdas, von Deutero-Jesaja als der Hirte Jahwes (44,28), ja als der Gesalbte des Herrn (45,1) gepriesen. Nach seinem Tode finden wir als Statthalter der Perser in Jerusalem Serubbabel, gemäß biblischer Tradition einen Nachkommen aus dem Hause Davids. Nachdem unter ihm der zweite Tempel 515 v. Chr. vollendet war, erklärte der Prophet Haggai (2,20 ff) Serubbabel zum Erwählten Zebaoths, er soll «die Throne umstürzen und die mächtigen Königreiche der Heiden vertilgen». Daß der Messias aus der «Wurzel Jesse», dem Vater Davids, kommen müsse, war *communis opinio*, wie die Bethlehem-Legende (Lk. 2,1 ff) und die Anrede Jesu als «Sohn Davids» (Mt. 9,27) bezeugen.

Die folgenreichste Epoche in der Geschichte der jüdischen Messiaserwartung ist der Makkabäer-Krieg, in dem das Buch Daniel entstand. Es prophezeite die nahe Ankunft des Messias. Er kommt wie ein Stein, der die ganze Welt füllt, oder als «Menschensohn» auf den Wolken des Himmels, um das Weltgericht durchzuführen (7,13). Daniel deutet: Gott errichtet ein Reich, das nimmermehr zerstört wird, und die Herrschaft wird nie auf ein anderes Volk übergehen (2,31 ff).

In der Zeit des Augustus verbreitete sich die Hoffnung auf einen Erlöser bei Juden, Christen und Römern zugleich. Vergil schrieb sein viertes Hirtengedicht, es erhielt im Mittelalter die Überschrift ‹Saeculi novi interpretatio›, Verheißung des neuen Zeitalters. Die Sibylle verkündet die Endzeit: «Aus reinem Ursprung erwächst die große Ordnung der Zeiten, ein neues Geschlecht wird vom Himmel gesandt, ein Knabe wird geboren, mit dem das Goldene Zeitalter Saturns wiederkehrt. Das Böse verschwindet, die Furcht wird überwunden, der Knabe regiert die Welt im Frieden mit den Tugenden seines Vaters. Die Natur bringt ihre Gaben ohne die Arbeit der Menschen, die Rinder fürchten nicht länger die Löwen, alle Welt jubelt den kommenden Zeiten entgegen ...» Dieser über hundert Jahre vor den Evangelien niedergeschriebene Text ist schon im frühen Christentum geheimnisvoll auf Jesus bezogen worden. Vergil aber dachte an einen römischen Heilsbringer.

Die in der augusteischen Zeit verbreitete Hoffnung auf einen Erlöser und eine neue Zeit bestätigt eine zufällig erhaltene Inschrift aus der Stadt Priene in Kleinasien zum Geburtstag des Kaisers Augustus: «Dieser Tag hat der ganzen Welt ein neues Ansehen verliehen; sie wäre dem Untergang verfallen, wenn nicht in dem Neugeborenen für alle Menschen ein gemeinsames Glück erstrahlt wäre. Richtig urteilt, wer in diesem Geburtstag den Anfang des wahren Lebens und all seiner Kräfte erkennt; endlich ist die Zeit vorbei, da man bereuen muß, geboren zu sein. Von keinem anderen Tage empfängt jeder Einzelne und die Menschheit als ganze so viel Gutes. Unmöglich ist es, gebührenden Dank abzustatten für die Wohltaten, die dieser Tag gebracht hat. Die über allem Leben waltende Vorsehung hat diesen Mann zum Heile der Menschen mit Gaben erfüllt, hat ihn uns und den künftigen Geschlechtern als Heiland (*sôtêr*) geschickt, allem Zwist wird er ein Ende machen. In seiner Erscheinung haben sich die Hoffnungen unserer Vorfahren verwirklicht, nie gab es einen größeren Wohltäter, nie wird es einen geben. Der Geburtstag dieses Gottes hat die Welt durch seine frohe Botschaft (*euangelion*) erneuert, damit muß eine neue Zeitrechnung beginnen.»

Die Idee vom Nahen eines Retterkönigs verdichtet sich im jüdischen Raum. Die Leute von Qumran erwarteten den «Gesalbten der Gerechtigkeit, den Sproß Davids» und einen siegreichen Krieg der Söhne des Lichts gegen die Söhne der Finsternis. Zu wirklichen kriegerischen Auseinandersetzungen kam es bereits in der Jugend des Herodes. Im Winter 47/46 v. Chr. besiegte und beseitigte er mit römischem Flankenschutz die «Räuberbande» des Ezechias/Hiskia an der syrischen Grenze. Schlimmere Erhebungen folgten nach dem Tode des Herodes 4 v. Chr. in mehreren Teilen des Landes. Stets waren soziale, politische und religiöse Motive im Spiel. Josephus berichtet von

«Räubern», die darin wetteiferten, sich messianische Könige zu wählen. In Galiläa brachte der «Erzräuber» Judas, Sohn des Ezechias, die Festung Sepphoris in seine Gewalt. Er hatte schon dem Herodes Widerstand geleistet und sah nun die Gelegenheit, selbst König zu werden. Der *praefectus Iudaeae* Gratus, der Vorgänger des Pilatus, schlug ihn im Felde und ließ ihn köpfen. In Peräa nahm der Sklave Simon das königliche Diadem und brannte die Paläste des Herodes nieder, angefangen mit Jericho. Gegen die Römer und die Reichen erhob sich Athronges, wie David ein Hirte (1. Samuel 16,11), der sich ebenfalls zum König erklärte, aber von den romtreuen Sebastenern niedergeworfen wurde. Als ganz Judäa unter dem «Räuberkrieg» litt, vollzog Quinctilius Varus ein grausames Strafgericht (S. 16).

Ein messianischer Heerführer war sodann Judas der Galiläer aus Gamala in der Gaulanitis. Er nahm die nach der Absetzung des Archelaos anberaumte Schatzung des Jahres 6 n. Chr. zum Anlaß für seinen Aufstand. Ihn unterstützte der Pharisäer Sadduk. Diese Unruhen sind in Judäa anzunehmen, denn Josephus berichtet, der Präfekt Coponius habe mit Judas zu schaffen gehabt, und nennt ihn den Begründer der Zeloten, die für die Herrschaft Gottes, die Theokratie, kämpften und die Steuern verweigerten. Gemäß der Apostelgeschichte (5,37) kam er um, seine Anhänger verliefen sich.

Auch die mit der Messianität Jesu verbundenen Erwartungen waren säkularer, politischer Natur. Wie auch anders? Gabriel spricht zu Maria: «Gott wird deinem Sohn den Thron Davids geben» (Lk. 1,32 f). Das Volk jubelt: «Hosianna, gesegnet das kommende Reich unseres Vaters David!» (Mk. 11,9 f). Die Jünger jammern: «Wir hofften, er sei es, der Israel erlösen werde» (Lk. 24,21). Noch den Auferstandenen fragen sie: «Herr, stellst du nun das Reich Israels wieder her?» (Apg. 1,6). Die Eiferer unter den Aposteln und die gewaltbereiten Worte Jesu (S. 71) lassen die ursprünglich irdische Seite seiner schillernden Rolle erkennen.

Die Theologie spricht hier von «Mißverständnissen», denn den wahren Menschensohn zeige die Bergpredigt, den echten Sohn Gottes das Johannesevangelium. Tatsächlich müssen messianische Gestalten nicht politisch ausgerichtet sein. Zu den unpolitischen Gottesmännern wird man neben Johannes dem Täufer Simon Magus zählen dürfen. Die Apostelgeschichte (8,9 ff) berichtet von ihm, der in Samaria Magie trieb und lange Zeit das Volk dort bezauberte. «Und sie hingen ihm alle an, klein und groß, und sprachen: Der ist die Kraft Gottes, die da groß heißt.» Dieser wunderwirkende Gottesmann steht dem Messias-Typus nahe. Gemäß den apokryphen Petrus-Akten aus dem 3. Jahrhundert n. Chr. begab sich Simon nach Rom, wo er von der Gemeinde als der wiedergekehrte Christus betrachtet wurde. Als «Heiland der Römer» verrichtete er «durch die Macht Satans» Wunder, stiftete Unruhen, bei denen eine Kaiserstatue zerbrach, wurde aber schließlich von dem eigens nach Rom geholten Petrus durch einen Zauberwettstreit überwunden.

Die meisten messianischen Gestalten tragen indes politisches Kolorit. In der Zeit nach Pilatus sind sechs derartige Führerfiguren bezeugt, darunter der in der Apostelgeschichte (21,18) erwähnte Prophet aus Ägypten, der 4000 Sikarier in die Wüste geführt hatte. Mit ihm wurde Paulus verwechselt. Nach Josephus brachte der Scharlatan dreißigtausend Törichte hinter sich, versammelte sie auf dem Ölberg und prophezeite, daß auf sein Geheiß wie einst durch die Posaunen vor Jericho die Stadtmauern einstürzen würden, dann zöge er in Jerusalem ein und würde der Herr (*tyrannos*). Der seit 52 n. Chr. amtierende Präsidialprokurator Felix aber machte einen Ausfall. Vierhundert Anhänger des Wundermannes wurden erschlagen, zweihundert gefangen, er selbst kam um.

Die Serie messianischer Unruhen ging über in den Jüdischen Krieg. Im Sommer 66 zog ein Sohn von Judas dem Galiläer namens Menahem im Königsornat in Jerusalem ein und übernahm die Führung im Kampf gegen die Römer. Der sich anschließende Krieg war eine fruchtbare Zeit für Messiaserwartungen, ja er wurde von Sueton geradezu darauf zurückgeführt: «Es hatte sich im ganzen Orient die ebenso alte wie feste Meinung verbreitet, daß von Judäa ausgehend eine Macht zur Herrschaft gelangen würde. Diese Weissagung bezog sich, wie sich später zeigte, auf den neuen römischen Kaiser Vespasian. Die Juden aber wähnten, sie selbst seien gemeint und rebellierten.»

Nachdem Nero am 9. Juni 68 umgekommen und sein Nachfolger Galba am 15. Januar 69 ebenfalls erschlagen worden war, wurde Vespasian am 1. Juli 69 in Alexandria zum Kaiser ausgerufen. Hier verrichtete er, wie Sueton und Dio erzählen, ein messianisches Heilwunder. Zwei Kranke drängten sich an ihn heran und baten im Namen des Gottes Serapis um Hilfe. Der Kaiser zögerte, seine Freunde jedoch rieten zu. Ginge es schief, so würde das niemanden wundern, und die Sache würde vergessen. Gelänge es aber, so würde der Fall berühmt. Und er gelang. Den Lahmen berührte Vespasian mit der Ferse, dem Blinden schmierte er Speichel aufs Auge – so wie Jesus dem Blinden von Bethsaida (Mk. 8,23) –, und beide wurden, so heißt es, augenblicklich gesund.

Die spannungsgeladene Situation in Judäa zwischen dem Tode von Herodes dem Großen und der Erhebung der Juden in Jerusalem zeigt die Hinrichtung Jesu in einem großen Zusammenhang. Aus der Sicht der Zeit handelt es sich um einen von zahlreichen mehr oder weniger ähnlichen Konflikten, der allerdings keinerlei Aufsehen erregte. Seine Bedeutung beschränkte sich zunächst auf den Kreis der kleinen Jesusgemeinde. Aber aus kleinen Anfängen entstehen oft große Bewegungen, wie es bei Livius (27,9) heißt.

3. Außerbiblische Quellen zu Pilatus

Über Pontius Pilatus sind wir sehr viel verläßlicher informiert als über Jesus. Das beruht auf den außerbiblischen Quellen über den Statthalter. Ältester Zeuge ist Philo Judaeus. Er stammte aus einer angesehenen Priesterfamilie in Alexandria und wurde um 12 v. Chr. geboren. Philos Bruder Tiberius Alexander bekleidete hohe römische Ämter unter Kaiser Tiberius. Alexander machte Stiftungen zugunsten des Jerusalemer Tempels und unterstützte Agrippa I, dessen Tochter einer seiner Söhne heiratete. Dieser befreundete sich mit Kaiser Claudius. Ein zweiter Sohn, Philos Neffe, Tiberius Julius Alexander, wurde römischer Bürger, amtierte 46 bis 48 als Prokurator von Judäa, stieg auf zum Präfekten von Ägypten und vereidigte als erster römischer Beamter Truppen auf Vespasian. An der Belagerung Jerusalems beteiligt, suchte er vergebens, den Tempel zu retten. Über das Leben Philos selbst wissen wir weniger. Wir hören von einer Wallfahrt nach Jerusalem und einem Aufenthalt als Gesandter der alexandrinischen Juden in Rom im Jahre 40, wo er bei Caligula Beschwerde über die Ausschreitungen der Griechen führte. Nach dem Tode des Caligula, unter Claudius, schrieb Philo seine ‹Legatio›, den ausführlichen Bericht über seine Mission. Er zeichnet hier und in der Schrift gegen den *praefectus Aegypti* Flaccus die wirklichen und vermeintlichen Feinde der Juden in den finstersten Farben.

Daneben hat Philo eine Fülle von theologisch-philosophischen Schriften verfaßt. Sie sollten erweisen, daß griechische Philosophie und jüdische Lehre im Kern übereinstimmen. Ganz im Griechischen verwurzelt und des Hebräischen nicht mächtig, interpretierte er die Bibel allegorisch, ähnlich wie die Mythen von den Stoikern ausgelegt wurden. Mit ihnen teilte er sein asketisches Ideal. Lieblingsautor Philos war indessen Plato. Dieser soll seine Weisheit auf dem Weg über Ägypten von Mose erhalten haben. Die Juden seien unter den Völkern das, was die Priester unter den Menschen seien, die Mittler zu Gott. Wenn Philo den Logos als den Dolmetscher (*hermeneus*) zwischen Gott und Welt anspricht, ja als den ältesten Sohn Gottes und als zweiten Gott betrachtet, nimmt er die Theologie des Evangelisten Johannes vorweg. Dies erklärt, daß Philo die Rezeption, die ihm das Judentum verweigert hat, im orthodoxen Christentum fand, wo er bisweilen als Kirchenvater angesehen wurde.

Ebenfalls griechischsprachiger Jude war Flavius Josephus, unsere ausführlichste Quelle zu Pilatus. Nach seiner Philosophie verwirklicht Gott die Gerechtigkeit auf Erden. Ein gelungener Betrug ist für Josephus ebenso wie ein böses Ende wohlverdient und himmlische Fügung. In seiner Autobiographie verteidigt er sich gegen Angriffe, die ihm Geschichtsfälschung im eigenen Interesse vorwarfen, wohl nicht ganz zu Unrecht.

Josephus wurde im Winter 37/38 n. Chr. zu Jerusalem geboren und stammte aus altem Priestergeschlecht. Seine Mutter war angeblich eine Hasmonäerin. Als Jüngling machte er eine asketische Phase durch, lebte als Schüler eines Gottesmannes drei Jahre in der Wüste und schloß sich dann in Jerusalem den Pharisäern an. Mit 26 Jahren fuhr er zum ersten Mal nach Rom, um dort für befreundete Priester einzutreten, die der Prokurator Felix fünf Jahre zuvor zur Aburteilung an den Hof gesandt hatte. Josephus erlitt Schiffbruch, wurde jedoch durch einen Segler aus Kyrene gerettet. In Rom vermittelte ihm ein jüdischer Schauspieler die Bekanntschaft mit Neros Frau Poppaea, die sein Anliegen unterstützte und ihn beschenkte.

Zurückgekehrt fand er eine gegen Rom revolutionäre Stimmung vor. Glaubhaften Bedenken gegen die Siegeshoffnung zum Trotz stellte sich Josephus in den Dienst der jüdischen Sache und erhielt, gemeinsam mit zwei anderen Priestern vom Sanhedrin, 67 n. Chr. den Auftrag, den militärischen Widerstand in Galiläa zu organisieren. Hier hat Josephus auf eine etwas undurchsichtige Art zwischen den verschiedenen jüdischen Parteien, den Griechen und den Römern laviert. In Tiberias versuchte er vergebens, die Zerstörung des von Antipas errichteten Palastes zu verhindern; der erregte den Zorn der Frommen, weil ihn Tierbilder schmückten.

Von Vespasian in die Enge getrieben, verschanzte sich Josephus mit seinen Truppen in der Stadt Jotapata. Einleitend zu der ausführlichen Schilderung der Belagerung beteuert er, lieber hätte er hundert Mal sterben wollen, als Verrat an seinem Vaterland und seinem Feldherrnrang zu begehen, obschon er glaubte, sich auf die Milde der Römer verlassen zu können. Dann berichtet er ungeniert, wie er seine Haut mit verschiedenen Tricks zu retten versuchte, seine Leute dies aber verhinderten.

Schließlich gelang ihm die Rettung. Nach 47 Tagen hatten die Römer die Stadt genommen, die letzten Verteidiger, die besten Leute des Josephus, nahmen sich das Leben. Er selbst aber flüchtete in eine trockene Zisterne. Dort traf er auf vierzig Männer, die sich bereits verproviantiert hatten. Das Versteck wurde den Römern verraten, sie schickten einen mit Josephus bekannten Offizier an den Eingang und forderten ihn unter Zusicherung seines Lebens auf, herauszukommen. Andernfalls wollten sie Feuer in die Höhle werfen. Josephus reinigte sich durch ein Gebet von dem Vorwurf des Verrats und wollte die Höhle verlassen. Da aber traten ihm die Mitgefangenen mit blanker Waffe entgegen. Sie erinnerten ihn daran, wie viele Juden er während der Belagerung in den Tod für die Freiheit geschickt habe, und hielten ihm vor, «er sei ein anderer geworden». Dies war gewiß unrichtig, denn auch zuvor hatte er Proben des Taktierens geliefert. Die Eingeschlossenen schworen, lieber zu sterben als sich zu ergeben.

Nun legt Josephus eine philosophische Predigt über die Verwerflichkeit des Selbstmordes ein. Die Männer zücken die Schwerter; Josephus sieht, es wird ernst. Er verkündet: «Da wir den Entschluß, gemeinsam zu sterben, nun einmal gefaßt haben, wollen wir, um den Selbstmord zu vermeiden, uns gegenseitig töten. In der Reihenfolge soll der jeweils später Erloste den vor ihm Erlosten niederstoßen.» Das Losen übernahm Josephus selbst, um seine Todesbereitschaft zu unterstreichen: «Es wäre doch arg, wenn den Letzten die Reue ergriffe und er sein Leben rettete.» So starb einer nach dem anderen «in dem Bewußtsein, daß kurz darauf auch der Feldherr sterben würde, denn der Tod mit Josephus schien ihnen angenehmer als das Leben». Der aber besann sich dann doch eines Besseren. Als durch göttliche Fügung nur noch ein einziger Mitkämpfer übrig war, wollte Josephus seine Hand nicht mit dem Blut eines Landsmannes beflecken und überredete diesen, sich mit ihm den Römern zu ergeben.

Josephus fand gute Aufnahme bei Vespasian. Das verdankte er einem gewagten, aber gelungenen Spiel mit der Messiasprophezeihung. Er verhieß Vespasian im Namen Gottes die Kaiserwürde. Als dies sich erfüllt hatte, wurde Josephus freigelassen und ging mit Titus nach Rom. Hier erhielt er das Bürgerrecht, übernahm das *nomen gentile* des Kaiserhauses «Flavius» und bezog eine Pension. In den Jahren danach schrieb er seine historischen Werke. Für unser Thema ist seine früheste Schrift über den Jüdischen Krieg bedeutsam, vollendet um 78, ebenso seine um 93 fertiggestellte Jüdische Geschichte bis zum Ausbruch des Krieges 66 n. Chr. Das frühere, ursprünglich aramäisch verfaßte Werk wirbt bei den Juden um Verständnis für die Römer, beim späteren, den ‹Antiquitates›, will er den Griechen und Römern das Judentum nahebringen. Wie Philo bemüht er sich um Vermittlung. Philo ging es um jüdische und griechische Philosophie, Josephus um jüdische und römische Politik. Er legt Wert auf das hohe Alter der jüdischen Weisheit, betont die Fürsorge Gottes für sein Volk und begründet dessen Kalamitäten mit Gesetzesverstößen, während den Feinden der Juden als Feinden Gottes immer ein böses Ende droht. Philo und Josephus bringen Einzelheiten aus der Statthalterschaft des Pilatus, nichts jedoch zum Tode Jesu, sofern wir das höchst zweifelhafte *Testimonium Flavianum* ausscheiden. Es lautet:

«Um diese Zeit lebte Jesus, ein weiser Mann (*sophos anêr*), wenn man ihn denn überhaupt als Mensch bezeichnen kann. Denn er hat wunderbare Taten (*paradoxa erga*) vollbracht und war ein Lehrer aller, die an der Wahrheit Freude haben. Viele Juden und Griechen gewann er für sich, er war der Messias (*christos*). Als Pilatus hörte, daß einige unserer ersten Männer ihn anklagten, verurteilte er ihn zum Tod am Kreuz; aber die ihn zuerst liebgewonnen hatten, hielten an ihm fest. Am dritten Tage erschien er ihnen wieder lebendig, denn die Propheten Gottes hatten dies und zahllose andere Wunder über ihn vorhergesagt. Bis heute ist die nach ihm benannte Gruppe der Messianisten (*Christianoi*) nicht verschwunden.»

Seit der Humanistenkritik im 16. Jahrhundert wird die Echtheit jener Passage mit Grund bezweifelt. «Diese Notiz», schreibt Albert Schweitzer, «ist entweder unecht oder so maßlos interpoliert, daß sie nicht mehr als glaubwürdiges Zeugnis angeführt werden kann.» Sie enthält Formulierungen, die einem gläubigen Pharisäer wie Josephus nicht zuzutrauen sind, namentlich das Bekenntnis, Jesus sei der Messias gewesen. Erst nach der Zeit um 250 n. Chr. ist der Passus in den Text gelangt. Damals stand dem Kirchenvater Origenes das *Testimonium Flavianum* noch nicht zur Verfügung. Doch zitiert es Euseb um 320 n. Chr. Die Stelle dürfte also zuvor, vielleicht von Euseb selbst, in das Werk des Juden eingeschmuggelt worden sein, um eine außerbiblische Beglaubigung der Wundertätigkeit Jesu zu gewinnen.

Daß Josephus die Kreuzigung übergeht, ist keineswegs befremdlich. Als historisches Ereignis war sie einstweilen zu folgenschwach, und als Tat des Pilatus lag sie quer zur Tendenz des Autors. Josephus beschreibt die Vorgeschichte des Jüdischen Krieges, ihn will er erklären, und dafür sind nur Reibungen und Zusammenstöße mit der Besatzungsmacht bedeutsam. Alle von ihm über Pilatus berichteten Handlungen dienen dieser Beweisabsicht oder werden ihr, wenn auch manchmal mühsam, dienstbar gemacht. Die Hinrichtung Jesu jedoch war eine Tat, die jüdischen Wünschen entgegenkam und dem Einvernehmen zwischen Rom und dem Hohen Rat entsprang.

Ganz anders die illegale Steinigung des Herrenbruders Jakobus Justus im Jahre 62! Josephus erwähnt sie, weil sie dem römischen Prokurator Albinus vorgetragen wurde, der sie ahndete, indem er den verantwortlichen Hohen Priester Ananos II durch König Agrippa II absetzen ließ. Josephus nennt bei dieser Gelegenheit Jakobus den «Bruder Jesu, des sogenannten Christos». Mithin wußte Josephus auch vom Ende Jesu, hielt es aber für keiner Erwähnung wert.

Verläßlich ist sodann das Zeugnis des Tacitus. Im Anschluß an den Brand Roms unter Nero im Jahre 64 berichtet er über die Christenverfolgung. Der Kaiser war im Volksmund der Brandstiftung beschuldigt worden, um Baufreiheit für seine gigantische Domus Aurea zu gewinnen, und benötigte zu seiner Entlastung einen Sündenbock. Ihn fand er in den verhaßten Christen. Tacitus schrieb zu Beginn des zweiten Jahrhunderts: *Auctor nominis eius (sc. Christianorum) Christus Tiberio imperitante per procuratorem Pontium Pilatum supplicio adfectus erat.* – «Der Stifter jener Sekte Christus war unter der Regierung des Tiberius durch den Prokurator Pontius Pilatus hingerichtet worden.» Der Ursprung jenes Übels (*origo eius mali*) liege in Judäa. Unklar ist, woher Tacitus sein Wissen hat, wahrscheinlich geht es mittelbar auf Christen in Rom zurück. Anderenfalls

Bronzemünze des Pilatus

hätte er wohl von Jesus, nicht von Christus geschrieben. Zu denken wäre an die Bekanntschaft mit einem Richter aus den Christenprozessen.

Bemerkenswert sind fernerhin die archäologischen Zeugnisse. Pilatus hat, wie seine Vorgänger Coponius, Ambibulus und Gratus und sein Nachfolger Felix, Bronzemünzen ausgegeben. Sie setzen die Hasmonäerprägungen fort. Die Stücke dienten dem örtlichen Kleinhandel; für größere Geschäfte benutzte man römische Denare mit dem Bild des Kaisers (Lk. 20,24). Die Provinzialprägungen tragen allerdings nicht die Namen der Präfekten und Prokuratoren; bestimmbar sind sie durch den Typus. Pilatus prägte drei Serien. Die Exemplare der ersten zeigen auf der Vorderseite drei an den Halmen verbundene Ähren, darum herum den Namen der durch Augustus testamentarisch in die *gens Iulia* aufgenommenen Kaiserin und Kaisermutter Livia auf Griechisch Ioulia Kaisaros, auf der Rückseite ein Opfergefäß (*simpulum*) mit der Umschrift Tiberiou Kaisaros und das 16. Regierungsjahr, das heißt 29/30 n. Chr. Die zweite Serie trägt vorn einen *lituus*, den Krummstab der Auguren, umschriftet Tiberiou Kaisaros; hinten das Datum in einem Kranz, das 17. Jahr, das heißt 30/31. Die dritte Serie gleicht der zweiten, nur ist sie auf das 18. Jahr, das heißt 31/32 datiert. Der Name der Livia ist nach der ersten Serie verschwunden, weil die Kaiserin im Jahre 29 gestorben war.

Die von Pilatus gewählten Embleme gehören der römischen Religion an. Dies wurde mitunter als bewußter Affront gegen jüdisches Empfinden gewertet. Was hätte dies bezwecken sollen? Fühlten sich Juden je durch heidnische Zeichen auf Münzen beleidigt? Derartiges ist nicht einmal für die herodianischen Münzen mit dem Kaiserkopf anzunehmen. Schon Alexander Jannaeus hatte seleukidische Embleme übernommen. Das Gleichnis vom Zinsgroschen bei Matthäus (22,15 ff) hätte Anstoß geboten, die Thematik anzusprechen, aber offenbar erregte das Münzporträt des Kaisers ebensowenig Anstoß wie der Kopf des Herakles auf den Silberstücken der Tempelsteuer. Insofern ist auch kein Zusammenhang zwischen dem unerklärten Ende der Prägung 31 und dem Sturz des angeblich judenfeindlichen Prätorianerpräfekten und Reichsverwesers Sejan anzunehmen. Kultgeräte waren in Rom auf Münzen geläufig, auch Valerius Gratus, der Vorgänger des Pilatus, verwendete im Jahre 16/17 sakrale Münzembleme: den Heroldsstab des Hermes mit gekreuzten Füllhörnern. Ein psychologischer Religionskrieg mit Symbolen lag den Römern fern.

Unsere wichtigste archäologische Quelle ist die Pilatus-Inschrift aus Caesarea Maritima. Sie wird heute im Israel-Museum zu Jerusalem aufbewahrt. Ihre Veröffentlichung im Jahre 1961 war eine Sensation. Auf einem – später im 4. Jahrhundert n. Chr. – als Treppenstufe im römischen Theater wiederverwendeten 82 cm hohen Stein fand sich eine fragmentarische lateinische Inschrift:

...S TIBERIÉVM
...NTIVS PILATVS
...ECTVS IVDAEAE
...É...

Pontius Pilatus erscheint mit vollem Namen, nur die ersten beiden Buchstaben fehlen, ebenso das abgekürzt zu denkende unbekannte Praenomen, T für Titus, M für Marcus oder was auch immer. Kopfzerbrechen hat zunächst der Amtstitel gemacht. Die Inschrift nennt ihn *Praefectus Iudaeae*, Tacitus aber schreibt *Procurator Iudaeae*. Die Diskrepanz verliert an Gewicht, wenn wir bedenken, daß die Begriffe *procurator* und *praefectus* beide Male für Beamte ritterlichen Standes verwendet wurden, wobei *procurator* allerdings eher dem zivilen, finanziellen Bereich, *praefectus* gewöhnlich dem militärischen Sektor angehört. Da

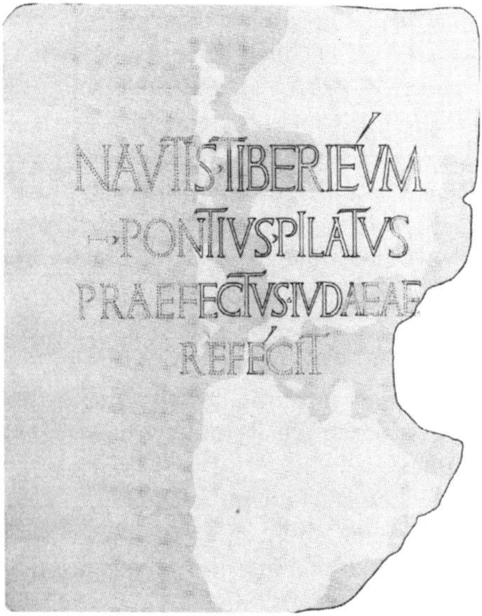

Die Pilatus-Inschrift von Caesarea, sinngemäß von Géza Alföldy ergänzt.

Pilatus über Hilfstruppen (*auxilia*) verfügte, ähnlich wie die unter Tiberius in Moesien und Raetien regierenden Präfekten, hätte die Bezeichnung *praefectus* die höhere Wahrscheinlichkeit auch dann für sich, wenn sie nicht durch die Authentizität der Inschrift gesichert wäre.

Der Mommsenschüler Otto Hirschfeld hat bereits 1889 bemerkt, daß Tacitus in der Amtsbezeichnung einem Irrtum erlegen sei. Den Wechsel in der Titulatur erklärte er überzeugend damit, daß seit der Wiedereinrichtung der Provinz Judäa 44 n. Chr. unter Claudius die ritterlichen Statthalter generell als Prokuratoren bezeichnet wurden. Tacitus hat mithin die spätere Terminologie anachronistisch auf die Zeit unter Tiberius übertragen. Ihrer Sonderstellung halber werden sie auch als Präsidialprokuratoren bezeichnet.

Größere Schwierigkeiten machten Ergänzung und Deutung der ersten und der vierten Zeile unserer Inschrift. Genannt wird ein «Tiberieum», das heißt ein dem Kaiser Tiberius gewidmeter

Bau. Nach Kaisern benannte Gebäude waren nicht selten. Selbst aus Caesarea kennen wir eines: das *Sebasteion*, lateinisch *Augusteum*, das von Herodes für den Kult des Kaisers Augustus und der Göttin Roma errichtete Heiligtum. Tempel für den Kaiserkult unter dem Namen *Caesareum* oder *Augusteum* gab es ebenso in anderen Orten Judäas und sonst im Reich. Josephus nennt solche in Samaria/Sebaste, Paneion/Caesarea Philippi und «vielen anderen Städten». Tacitus bezeugt die Scheu des Tiberius gegenüber kultischer Verehrung. Vor dem Senat läßt er den Kaiser erklären: «Ich bin ein Sterblicher und muß Menschenpflichten erfüllen. Bewahrt mir die Nachwelt ein gutes Gedächtnis, so habe ich einen Tempel in ihrem Herzen.» Dennoch gab es im ganzen Reich Priester und Kultstätten für Tiberius. Wenn gleichwohl bei dem Tiberieum eher an einen Profanbau zu denken ist, spricht dafür die Episode mit den Ehrenschilden für Tiberius aus der Statthalterzeit des Pilatus (S. 51). Nach Philo hängte Pilatus sie am Sebasteion auf. Da es in Caesarea ein Tiberieum gab, wäre das der gegebene Ort gewesen, vorausgesetzt, es war ein Kultbau. Pilatus aber ließ die Schilde nicht am Tiberieum anbringen, darum dürfen wir in diesem einen Nutzbau erblicken.

Für Profanbauten mit Kaisernamen bietet Josephus ebenfalls Beispiele. So benannte Herodes Anbauten an der Antonia-Festung und Gästehäuser nach Augustus und Agrippa. Insbesondere Türme erhielten Namen hochgestellter Freunde. Den höchsten Turm an der Hafenmauer in Caesarea nannte Herodes *Drusion* (sic) nach Drusus, dem Stiefsohn des Augustus und Bruder des Tiberius. Auf diesen Quellenbefund gründete auf meine Anfrage hin der große Epigraphiker Géza Alföldy 1999 den einleuchtenden Vorschlag, das Tiberieum ebenfalls auf einen Turm zu beziehen. Wenn das Drusion auf einer der beiden Molen als Leuchtturm diente, wie vermutet wurde, dann dürfte auf der anderen der Turm des Tiberius gestanden haben. Das Brüderpaar war berühmt für seine Eintracht. Aus dieser Zweckbestimmung des Tiberieums leitet Alföldy nun auch seine Ergänzung des ersten Wortes der Inschrift ab: [NAVTI]S, den Seeleuten. Ihnen habe Pilatus das Tiberieum hergerichtet. Das in der vierten Zeile verlorene Prädikat ergänzt Alföldy mit Rücksicht auf den Raum zu [REF]É[CIT]. Damit gewinnt der Text nach links die erforderte Symmetrie. Die Inschrift besagt demnach, daß Pilatus den Tiberius-Turm erneuert habe, er muß also schon vorher dort gestanden haben.

Für zwei am Prozeß Jesu beteiligte Juden gibt es möglicherweise ebenfalls inschriftliche Zeugnisse. Das erste betrifft Simon aus Kyrene, den Vater von Alexander und Rufus, der nach dem Markus-Evangelium (15,21) genötigt wurde, das Kreuz Jesu zur Richtstätte zu tragen. 1941 wurde im Kidrontal ein Knochenbehälter, ein Ossuarium aus dem 1. Jahrhundert n. Chr. gefunden, das in einem kyrenäischen Familiengrab stand und einem Alexander, Sohn des Simon, gehörte, wie die Namensaufschrift lehrt.

Die jüngste epigraphische Überraschung stammt aus dem Jahre 1992, als die bereits zwei Jahre zuvor in Jerusalem gefundene Inschrift auf dem Ossuarium des Kaiphas publiziert wurde. Es handelt sich höchst wahrscheinlich um jenen Hohen Priester, der Jesus an Pilatus auslieferte. Seinem vollen Namen bei Flavius Josephus «Iôsêphos ho Kaiaphas» entspricht die Inschrift «Yehosef bar Qayafa» – Joseph, der auch Kaiphas hieß.

Zu den für die Geschichte Jesu und daher auch mittelbar für die des Pilatus bedeutsamen Quellen gehört schließlich der *Titulus Tiburtinus*, die 1764 bei Tibur gefundene Grabinschrift des Publius Sulpicius Quirinius, der im Jahre 6 n. Chr. den Zensus in Judäa durchgeführt hat. Das Problem dieser seit dem 18. Jahrhundert bekannten lateinischen Inschrift besteht in dem fehlenden Namen. Sie lautet mit den sicheren Ergänzungen auf Deutsch: «... den König, nachdem (dieses Volk) unter die Herrschaft des Imperator Caesar Augustus und des römischen Volkes gebracht worden war, beschloß der Senat angesichts der von ihm (d. h.: von dem im verlorenen Teil der Inschrift genannten Senator) erfolgreich vollbrachten Taten zweimalige Dankopfer an die unsterblichen Götter und für ihn selbst die (Verleihung der) Rangabzeichen eines Triumphators. Als Prokonsul erhielt er die Provinz Asia. Zum zweiten Mal Legat des vergöttlichten Augustus mit proprätorischer Vollmacht erhielt er Syria und Phoenice ...»

Der umstrittene Bezug auf Quirinius wurde von Theodor Mommsen 1883 bestätigt, 1997 durch Géza Alföldy bewiesen. Quirinius, der unter Tiberius starb und auf dem Gelände seiner Villa in Tivoli bestattet wurde, dürfte als *homo novus* aus Lanuvium in prätorischem Rang Prokonsul von Kreta und Kyrene gewesen sein und nach seinem Konsulat 12 v. Chr. als Legat zum ersten Mal um 4 n. Chr. in Zentralanatolien Galatien und Pamphylien verwaltet haben, wo er die unbotmäßigen Homonadenses niederschlug, die den römischen Klientelkönig Amyntas getötet hatten. So wie das Ossuar des Kaiphas bringt die Quirinius-Inschrift keine neuen Einsichten in die Geschichte von Pilatus, bestätigt aber grundlegende Aussagen der literarischen Quellen.

Die im jüdischen Schrifttum der Spätantike, in Mischna, Tosefta und Talmud überlieferten Bemerkungen über den Nazarener sind mitunter als Quellen herangezogen worden, werden heute jedoch nicht mehr als authentische Zeugnisse für den historischen Jesus anerkannt. Es handelt sich um Reflexe der christlichen Legendentradition und spiegelt die Rezeption des Gekreuzigten bei den Juden. Insofern haben wir hier Dokumente der jüdisch-christlichen Auseinandersetzung, nicht aber zusätzliche Information über Jesus. Pilatus wird nur indirekt im babylonischen Talmud erwähnt (S. 83). Zutreffend schrieb bereits Moses Mendelssohn am 15. Januar 1771 an Lavater: «Wir besitzen übrigens, unserer Seits, von jener großen Begebenheit keine zuverlässigen Nachrichten, keine Aktenstücke, keine Berichte, die wir den Ihrigen entgegensetzen könnten.»

In den außerbiblischen Quellen zu Pilatus findet sich nur in der – wohl nicht unabhängigen – Notiz des Tacitus ein Hinweis auf den Tod Jesu. So wie der Apostel Paulus mit seiner vielfältigen Wirksamkeit von keinem antiken Autor erwähnt wird, ignorieren alle Quellen zur Regierung des Tiberius Leben, Lehre und Leiden von Jesus, als da sind: Philo, Josephus, Cassius Dio, Sueton, Velleius Paterculus, Plinius maior und minor sowie die späteren Epitomatoren um Aurelius Victor, so wie sie auch andere Unruhestifter nur dann erwähnen, wenn es zu größerem Blutvergießen kommt. Abertausende sind am Kreuz gestorben, ohne daß man ihrer gedachte. Tacitus, der ja wußte, daß Pilatus Jesus hingerichtet hat, schreibt gleichwohl lakonisch über Judäa: *sub Tiberio quies* – unter Tiberius herrschte Ruhe im Lande. Für den Historiographen heißt dies: Es gibt nichts zu berichten. Die Kreuzigung eines galiläischen Winkelpropheten und Möchtegern-Messias war eine Bagatelle.

4. Pilatus als Statthalter

Pilatus war der fünfte der Präfekten von Judäa. Über seine Vorgänger ist außer den Namen und Zeiten wenig bekannt. Als Augustus 6 n. Chr. Judäa auf jüdischen Wunsch zur Provinz Syrien geschlagen hatte, unterstellte er die Verwaltung dem römischen Ritter Coponius. Dieser trat nun als *praefectus Iudaeae* an die Stelle des verbannten Herodes-Sohnes und Ethnarchen Archelaos. Coponius residierte in der griechisch geprägten, verkehrsgünstig gelegenen Hafenstadt Caesarea Maritima und bezog dort den Herodespalast, der archäologisch lokalisiert ist. Er befehligte so wie seine Nachfolger und Archelaos zuvor eine Abteilung Reiter und fünf Kohorten, zusammen etwa 3000 Mann. Es handelt sich nicht um Legionäre mit römischem Bürgerrecht, sondern um Hilfstruppen, die aus der Region rekrutiert worden waren, zumal aus der nichtjüdischen Bevölkerung von Caesarea und Sebaste, die den Juden nicht wohlgesonnen waren.

Coponius besaß, wie auch seine Nachfolger, die Halsgerichtsbarkeit, griechisch die *exousia tou kteinein*, lateinisch das *ius gladii*, was sonst dem übergeordneten Legaten vorbehalten blieb. Gleichwohl war ihm der Präfekt verantwortlich. Die Unruhen, mit denen Coponius dann zu tun hatte, stehen im Zusammenhang mit den messianischen Bewegungen (S. 30). Josephus berichtet noch von einem Passah-Fest, bei dem die Samaritaner im Jerusalemer Tempel Menschenknochen verstreut und ihn dadurch verunreinigt hätten, so daß man den Zugang fortan schärfer bewachte. Coponius amtierte bis 9 n. Chr. An ihn erinnert das auf den Tempelberg führende Coponius-Tor, das er vermutlich hatte errichten oder ausbessern lassen.

Sein Nachfolger Marcus Ambibulus hatte offenbar keine Probleme im Lande, er bleibt daher im Dunkel. Wir hören nur, daß damals Salome, die intrigante Schwester Herodes des Großen, starb und der Kaiserin Livia beträchtliche Erbschaften hinterließ. Schon Herodes hatte in seinem Testament den Kaiser bedacht und dies gewiß nicht geheimgehalten. Man brauchte den Großen Bruder im Westen. Im Jahre 12 n. Chr. folgte als dritter Annius Rufus in der Präfektur von Judäa. Während seiner Amtszeit starb Augustus am 19. August 14.

Der vierte, nun von Tiberius ernannte *praefectus Iudaeae* war seit 15 n. Chr. Valerius Gratus. Dieser hatte mit einem Räuberkönig zu tun und griff in die Leitung des Tempels ein. Viermal wechselte er den Hohen Priester aus. Das hat seltsamerweise nie zu Beschwerden der Juden geführt, dürfte eher auf solche zurückzuführen sein. Als letzten ernannte er 18 n. Chr. Joseph, der auch Kaiaphas hieß. Er ist der biblische Kaiphas. Daß dieser ungewöhnlich lange, bis 37 n. Chr. amtierte, mag zusammenhängen mit seinem guten Verhältnis erst zu dem Kaiserneffen Germanicus, der 17 bis 19 im Orient regierte, und dann zum Nachfolger des Gratus, zu Pontius Pilatus.

Tiberius pflegte, wie Tacitus bemerkt, seine Statthalter lange auf ihren Posten zu belassen. Das gilt auch für die Präfekten von Judäa. Auf die elfjährige Amtszeit des Gratus folgt von 26/27 bis Anfang 37 die fast ebenso lange des Pontius Pilatus. Zunächst zu seinem Namen! Die klassische römische Namensform besteht aus drei Teilen: Vorname (*praenomen*), Familienname (*nomen gentile*) und Beiname (*cognomen*). Wenn «Pontius» – nur bei Lukas (3,1; Apg. 4,27) bezeugt – mit lateinisch *pons* zusammenhängt, könnte man den Namen mit «Brückner» übersetzen. Den Vornamen des Pilatus kennen wir nicht. Pontius ist ein wohlbekannter Familienname der späten Republik und der Kaiserzeit. Mehrere Angehörige werden bei Cicero genannt, einer von ihnen, Pontius Aquila befand sich unter den Mördern Caesars 44 v. Chr. Da er Volkstribun war, handelt es sich um eine plebejische Familie, die in den Ritterstand, den *ordo eque-*

ster aufgestiegen war. Der Pauly/Wissowa, die 84bändige ‹Realencyclopädie der classischen Altertumswissenschaft›, nennt insgesamt 68 Personen mit diesem Familiennamen.

Indizien sprechen für eine Herkunft des Namens *Pontius* aus Samnium in Mittelitalien. Durch die Samniten unter der Führung von Gaius Pontius, Sohn des Herennius, erlitten die Römer 321 v. Chr. eine ihrer empfindlichsten Niederlagen. In den Caudinischen Pässen eingekesselt, ergaben sich die Konsuln und wurden «unters Joch geschickt». Aus drei Speeren bastelte man ein Tor, durch das die Besiegten Mann für Mann gebeugten Hauptes hindurchgehen mußten, welch eine Schmach für den Römerstolz! Im Bundesgenossenkrieg 90 v. Chr. gab es dann einen samnitischen Feldherren Publius Pontius Telesinus, das heißt aus Telesia, der sich auf den oben genannten Ahnherren zurückführte. Er starb für Marius im Bürgerkrieg 82 v. Chr.

Der Beiname «Pilatus» ist außerhalb der Bibel nicht literarisch, wohl aber epigraphisch bezeugt. Es gab eine Pilatus-Inschrift aus Ameria in Umbrien. Sie befand sich an der Kirche des heiligen Secundus, galt einem städtischen Beamten, einem *Quattuorvir* namens Pilatus und hat zu der Lokaltradition geführt, daß die Familie des Pontius Pilatus in dieser Stadt zuhause sei: *vetus esse traditio Pilatam familiam esse Amerinam sicut et ipsum Pontium Pilatum*, so der im ‹Corpus Inscriptionum Latinarum› zur Stelle zitierte ‹Codex Barberinianus›. Dieses, nach dem Kardinal Franciscus Barberini benannte, heute im Vatikan befindliche Sammelwerk aus dem 17. Jahrhundert enthält unter anderem die Ende des 16. Jahrhunderts zusammengetragenen Inschriften des Archipresbyters Cosimo Brancatelli aus Ameria, der die inzwischen verlorene Pilatus-Inschrift aufgezeichnet hat.

Die Bedeutung des Beinamens «Pilatus» ist nicht klar, mehrere Ableitungen sind möglich. Berücksichtigen wir, daß die Stammsilbe *pil-* lang ist, wie die griechische Schreibweise «Peilatos» und die Buchstabenform der Inschrift aus Caesarea mit *Iota longa* lehrt, so wäre zu denken an *pilatus* – «mit dem Wurfspeer (*pilum*) bewaffnet» oder an *pilatus* – «eingepflanzt», von *pila* – «Pfeiler», doch könnte der Name auch von *pileus* abgeleitet sein und ursprünglich *Pileatus* gelautet haben. *Pileus* ist die Filzkappe, die den Sklaven bei ihrer Freilassung aufgesetzt wurde, die Freiheitsmütze, später in der Französischen Revolution als «phrygische Mütze» berühmt geworden. Trifft diese Deutung zu, dann war der namengebende Vorfahr unseres Pilatus ein Freigelassener. Auf ägyptischen Papyri findet sich der griechische Name *Peilatos* oder *Pilatos* zweimal in antoninischer Zeit und fünfzehnmal nach Constantin, vermutlich in Anlehnung an den bei den ägyptischen Kopten christianisierten Landpfleger (S. 99). Der Berg namens Pilatus bei Luzern ist schon im Mittelalter mit der Pilatuslegende verquickt worden (S. 104).

Pilatus ist der am besten dokumentierte Statthalter Judäas. Sein Titel lautet bei Matthäus (27,2; 11) unspezifisch *hêgemôn* (Führer, Herrscher), in der Vulgata, der lateinischen Bibel des Hieronymus, wiedergegeben mit *praeses* (Vorsitzender, Vorsteher), bei Luther «Landpfleger». Die übrigen Evangelisten geben ihm keinen Titel. Philo und Josephus nennen ihn *epitropos* (Verwalter, Vorsteher), das ist das übliche griechische Äquivalent für lateinisch *procurator*, so wie Pilatus bei Tacitus bezeichnet wird. Die Vorgänger und Nachfolger des Pilatus heißen bei Josephus neben *epitropos eparchos* (Kommandant, Befehlshaber), womit gewöhnlich das lateinische Wort *praefectus* (Vorgesetzter, Aufseher) wiedergegeben wird. *Praefectus* war, wie wir aus der Inschrift von Caesarea wissen, die korrekte Amtsbezeichnung des Pilatus.

Im Staatswesen der frühen Kaiserzeit bezeichnet der Rang *praefectus* verschiedene, zumeist militärische Positionen. Die Präfektur, wie Pilatus sie bekleidete, setzt bestimmte Vorstufen voraus. Nach der seit Augustus neben dem *cursus honorum* der senatorischen Magistrate wichtigen ritterlichen Laufbahn mußte ein Kandidat vor der Amtsübernahme als Präfekt eine militärische Funktion, möglicherweise in einer Grenzlegion an Rhein oder Donau hinter sich haben. Wahrscheinlich kannte Tiberius unseren Statthalter. Anderenfalls folgte er bei der Ernennung einer Empfehlung seiner Ratgeber.

Die Amtszeit des Pilatus füllt die Jahre zwischen 26/27 und 37. Das ergibt sich aus der Nachricht bei Josephus, daß Pilatus nach zehnjähriger Amtsführung im Frühjahr 37 in Rom eintraf. Die Lage im Osten war unter Tiberius entspannt, so daß er nach dem Ende der Statthalterzeit des Saturninus in Antiochia 21 n. Chr. zunächst keinen Legaten nach Syrien entsandte. Der für das Amt vorgesehene Aelius Lamia hat das Land nie betreten; es wurde vermutlich kommissarisch durch Pacuvius, den kommandierenden Legaten der 6. Legion, verwaltet.

Der Grund für die Berichterstattung der antiken Historiker über Pilatus liegt in den unter ihm entstandenen Konflikten mit den Juden. Reibungen gab es zunächst wegen des jüdischen Bildertabus. Das zweite Gebot nach der jüdischen Zählung lautet: «Du sollst dir kein Bildnis noch irgendein Gleichnis machen ... bete sie nicht an und diene ihnen nicht.» So steht es im 2. Buch Mose (20,4). Gemeint war die bildliche Verehrung Jahwes oder anderer Götter, doch wurde das Verbot von strenggläubigen Juden ausgedehnt auf Menschendarstellungen generell, insbesondere die des römischen Kaisers, dem ja kultische Verehrung zukam. Daß es noch weiter gefaßt werden konnte, bekam Pilatus zu spüren. Philo zitiert einen langen Brief von Agrippa (I), dem Herodes-Enkel. Dieser wollte 38 n. Chr. den Kaiser Caligula angesichts des Pogroms in Alexandria an die judenfreundliche Haltung seiner Vorgänger, namentlich des Tiberius, erinnern und schreibt:

«Auch von seiner Großmut kann ich ein Beispiel erwähnen, obwohl ich zu seinen Lebzeiten zahllose Demütigungen erfahren habe. Aber die Wahrheit geht vor und ist Dir teuer. Pilatus, einer seiner Regierungsbeamten, war damals zum Verwalter (*epitropos*) von Judäa ernannt. Dieser ließ, weniger um Tiberius zu ehren, als um die Volksmenge zu kränken, im Herodespalast (*basileia*) der Heiligen Stadt vergoldete Schilde anbringen. Sie trugen keine figürliche Darstellung oder sonst etwas Verbotenes, sondern nur eine kurze Inschrift, die zweierlei nannte, den Namen des Weihenden und den des Geehrten. Als aber die Menge das bemerkte – denn die Sache war schon Stadtgespräch –, wählten sie zu ihren Sprechern vier Söhne des Königs Herodes, die in Rang und Würden Königen gleichstanden, weitere Nachkommen von ihm und Würdenträger des Volkes.

Durch diese ersuchten sie Pilatus, die anstößigen Schilde zurückzubringen und die Vätersitte nicht anzutasten, die seit Urzeiten geachtet und von Königen und Kaisern unverletzt geblieben war. Pilatus lehnte es schroff ab. Er war nämlich von Natur aus unbeugsam, eigenwillig und unnachgiebig. Darauf schrieen sie: ‹Errege keinen Aufstand! Entfessele keinen Krieg! Brich nicht den Frieden! Entehrung alter Gesetze bedeutet keine Ehrung für den Kaiser. Tiberius sei Dir nicht Vorwand für eine Kränkung des Volkes! Der will nicht, daß ein Stück von unserer Tradition beseitigt wird. Behauptest Du es aber, so weise selbst einen Befehl, einen Brief oder etwas Ähnliches vor, damit wir Dir nicht länger lästig sind, Gesandte wählen und unsere Bitten vor den Herrscher tragen.»

«Dieser letzte Vorschlag» – so weiter Agrippa bei Philo – «brachte Pilatus besonders in Erregung, denn er fürchtete, man werde wirklich eine Gesandtschaft schicken und sich über seine sonstige Amtsführung beschweren. Dabei könnte man seine Bestechlichkeit, seine Gewalttätigkeit, seine Räubereien, Mißhandlungen, Beleidigungen, fortgesetzten Hinrichtungen ohne Gerichtsverfahren sowie seine unaufhörliche und unerträgliche Grausamkeit vortragen. Als boshafter und unversöhnlicher Mensch geriet Pilatus in Verlegenheit. Denn er wagte nicht, die einmal angebrachten Schilde zu beseitigen, und wollte seinen Untertanen nichts zu Gefallen tun. Auf der anderen Seite kannte er die Unbeirrbarkeit des Tiberius in solchen Dingen sehr genau. Die Bevollmächtigten der Juden sahen das und bemerkten, daß ihm sein Vorgehen leid tat, er es aber nicht zugeben wollte. Sie richteten daher an Tiberius ein dringendes Bittgesuch. Was der aber sagte, welche Drohungen er gegen Pilatus ausstieß, als er das Schreiben las, wie sehr er in Zorn geriet, obwohl er nicht zum Zorn neigte, ist müßig auszuführen, da sein Vorgehen für sich selbst spricht. Denn unverzüglich und ohne bis zum nächsten Tag zu warten, verfaßte er seine Antwort.

Darin tadelte er Pilatus aufs schärfste wegen seiner ungewöhnlichen Unüberlegtheit und befahl, sofort die Schilde zu entfernen und sie aus Jerusalem nach Caesarea ans Meer zu schaffen, auch ‹Augusta› (*Sebastê*) nach Deinem Urgroßvater (gemeint ist Augustus) genannt, um sie dort im Sebasteion aufzuhängen. Das geschah dann auch. So wurde beides gewahrt, die Ehre für den Kaiser und die herkömmliche Politik gegenüber der Heiligen Stadt.» Soweit der Agrippa-Brief bei Philo. Der Text ist rhetorisch aufgebauscht und ausgeziert. Zumal die Verteufelung des Pilatus durch Tiberius und die Beschreibung des kaiserlichen Zorns wecken Verdacht. Wer war dabei? Dennoch dürfte es ein Original des Gesuchs gegeben haben.

Bei den von Philo genannten Schilden handelt es sich um Rundschilde, wie sie in der republikanischen Zeit üblich waren (griechisch *aspis*, lateinisch *clupeus* oder *clipeus*), im Unterschied zum viereckigen Langschild der kaiserzeitlichen Legionäre (griechisch *thyreos*, lateinisch *scutum*). Rundschilde wurden vielfach als Ehrenzeichen verwendet. In Rom erhielten Germanicus und Caligula Schilde aus Gold. Sie waren oft mit dem als Relief getriebenen Bild des Geehrten geschmückt oder trugen Inschriften. Am bekanntesten ist der goldene *clipeus virtutis*, den der Senat 27 v. Chr. dem Augustus in der Curia Julia geweiht hat, darauf wurden die *virtus* (Tapferkeit), *clementia* (Güte), *iustitia* (Gerechtigkeit) und *pietas* (Frömmigkeit) des Kaisers gepriesen. Eine Ausfertigung in Marmor hat sich im Archäologischen Museum zu Arles erhalten.

Die von Pilatus in Jerusalem, dann in Caesarea aufgehängten Schilde bestanden vermutlich aus vergoldeter Bronze und trugen nur die «kürzest mögliche Inschrift», nämlich den Namen des Stifters und den des Geehrten, also vermutlich:

TIBERIO CAESARI
PONTIVS PILATVS

Mithin gab es nichts, was das mosaische Gesetz verbot. Dies betont Philo, um die taktvolle Rücksicht des Kaisers herauszustellen: Sogar eigentlich unbegründete Klagen der Juden nahm er ernst! Unfreiwillig entschuldigt Philo damit allerdings den Landpfleger, der somit nicht gegen die Thora verstoßen hätte, und ihn entlastet Philo unabsichtlich noch durch eine weitere Angabe. Er erwähnt, daß bei der Judenhetze in Alexandria 38 n. Chr. die Griechen die Synagogen zerstört hätten samt den an ihnen angebrachten Ehrenzeichen für den Kaiser. Er nennt Stelen, Inschriften, Goldkränze und Schilde (*aspides*), die dort offenbar keinen Anstoß bei den Frommen erregt haben. Dies macht es schwer, an eine provokative Absicht des Pilatus in Jerusalem zu glauben. Die diesem nachgesagten Schlechtigkeiten entsprechen den Schmähungen, die Philo auch anderen «Judenfeinden» anhängt.

Sohin bleibt offen, was denn die Juden an den Schilden gestört hat. Suchten sie nur einen Vorwand, um ihre Abneigung gegen den Statthalter zum Ausdruck zu bringen? Vielleicht enthielten die Schilde die vollere Namensform

TIBERIO CAESARI
DIVI AVGVSTI FILIO,

die durch die Nennung «Sohn des vergöttlichten Augustus» Anstoß hätte erregen können. Warum aber verschweigt uns dies Philo, wenn dies so war?

Das von Philo beziehungsweise Agrippa erwähnte Sebasteion kennen wir aus den beiden Stadtbeschreibungen Caesareas bei Josephus. Auf einer Erhebung gegenüber der Hafeneinfahrt habe das Heiligtum für Augustus (*naos Kaisaros*) gestanden, bemerkenswert durch seine Schönheit und Größe; das Innere berge eine Kolossalstatue des Kaisers, nicht kleiner als der Zeus des Phidias von Olympia, dem sie nachempfunden sei, und eine zweite der Göttin Roma, die mit der Hera von Argos wetteifere. Als Zeitpunkt für den Aufruhr der Juden gegen die Anbringung der Schilde in Jerusalem bietet sich das erste Passahfest des neuen Statthalters an. Dies würde den Brief der Herodes-Söhne erklären, die wir bei der Gelegenheit in Jerusalem vermuten dürfen.

Eine sehr ähnliche Geschichte berichtet Josephus, und zwar zweimal, im ‹Bellum Iudaicum› und ausführlicher in den ‹Antiquitates›. Zusammen ergeben sie ein eindrucksvolles Bild. Als Pilatus eine Truppe von Caesarea nach Jerusalem ins Winterlager schickte, führten diese ihre Feldzeichen (*sêmaiai*) mit sich. Diese *signa* zierte der Kopf des Kaisers. Josephus denkt an getriebene Rundbilder aus Bronze, die gewöhnlich den Herrscher zeigten. Da Pilatus jüdische Proteste ahnte, ließ er die Zeichen verhüllen und zudem nachts in die Stadt bringen. Frühere Präfekten hätten die Bildnisse von den Standarten abnehmen lassen, Pilatus aber wollte, so unterstellt Josephus, Macht demonstrieren. Trotz der Vorsichtsmaßnahmen des Pilatus löste die Anwesenheit der Kaiserbilder in Jerusalem einen Massentumult aus. Man sah in ihnen eine schwere Verhöhnung des mosaischen Gesetzes. In großen Scharen zogen die Juden nach Caesarea zu Pilatus und flehten ihn mehrere Tage an, die Bilder wieder zu entfernen. Er weigerte sich, um den Kaiser nicht zu beleidigen.

Am sechsten Tage schließlich ließ er die Juden sich im Stadion versammeln und bestieg die Tribüne (*bêma*). Gemeint ist wohl die Ehrenloge in der Mitte der Rennbahn. Von dort aus ermahnte er die Demonstranten abzuziehen, anderenfalls wären sie des Todes. Pilatus hatte heimlich Militär aufmarschieren lassen. Nach dem Bericht im ‹Bellum› kamen die Soldaten von draußen herein, während nach den ‹Antiquitates› das Volk sich vor dem Stadion versammelt hatte, die Krieger in dessen Innerem versteckt waren. Auf das Zeichen des Statthalters zückten die Soldaten ihre Schwerter. Derartige Einschüchterungsversuche mit der blanken Waffe gehörten zur römischen Taktik und sollten Blutvergießen vermeiden. Vespasian und Titus praktizierten dies mehrfach im Jüdischen Krieg. Pilatus aber hatte sich getäuscht. Die Juden wichen nicht. Sie warfen sich zu Boden, entblößten ihre Nacken und wollten lieber sterben als den Bilderfrevel dulden. Jetzt endlich gab Pilatus nach und ließ die Bilder nach Caesarea zurückholen. Blutvergießen aus rein religiösen Gründen vermieden die Römer. Als Caligula im Jahre 40 sein Standbild im Jerusalemer Tempel aufzustellen befahl, widersetzten sich die Juden mit Weib und Kind und erklärten, laut Josephus, lieber wollten sie sterben als den Frevel dulden. Der mit der Ausführung des Befehls betraute Statthalter Petronius gab nach, so wie Pilatus, obschon er damit seinen Kopf riskierte.

Die beiden von Philo und Josephus geschilderten Episoden zeigen solch auffällige Gemeinsamkeiten, daß bereits Euseb von Caesarea sie in seiner ‹Demonstratio Evangelica› gleichgesetzt hat. Diese These ist bis in die jüngste Forschung umstritten.

Trotzdem ist Euseb beizustimmen. Beide Male handelt es sich um angeblich beabsichtigte Provokationen, beide Male geht es um das Bilderverbot, indem der Präfekt militärische Symbole der Kaiserverehrung in runder Form, deren Präsenz von den Juden als anstößig empfunden wurde, nach Jerusalem bringen, dann aber auf jüdischen Protest hin nach Caesarea zurückführen ließ, nachdem er sich beide Male zunächst geweigert hatte, weil er befürchtete, den Kaiser zu verletzen. Es ist nicht glaubhaft, daß Pilatus sich einer solchen Demütigung kurz hintereinander zweimal ausgesetzt hat.

Dazu kommt ein gewichtiges *argumentum e silentio*. Erstaunlicherweise ignoriert Josephus die von Philo berichtete, Aufsehen erregende Affäre mit den Schilden. Warum verschweigt er sie? Hätte er bei der Geschichte der Feldzeichen nicht auch auf den zweiten ganz ähnlichen Fall hingewiesen, wenn es denn tatsächlich zwei Ereignisse dieser Art gab? Das hätte doch vorzüglich in sein Konzept gepaßt! Daß Josephus, der die Mißachtung der Juden durch Pilatus herausstellt, den Beleg aus Philo, wenn dieser einen anderen Fall meint, sowohl im ‹Bellum› als auch in den ‹Antiquitates› einfach übergeht, ist mehr als unwahrscheinlich, zumal Josephus Philos Gesandtschaft kannte. Auch Philo weiß nur von einem Fall.

Geben wir dem früheren Philo den Vorzug, ist damit nicht gesagt, daß Tiberius sich wirklich mit der Affäre befaßt hat. Es gibt in Philos Bericht über die angeblich so judenfreundliche Haltung des Tiberius bemerkenswerte Unstimmigkeiten, was den Appell der vier Herodes-Söhne für manche Forscher an den Kaiser in Frage stellt. Der aber muß nicht geradezu bezweifelt werden, einen solchen Beschwerdebrief kann es gegeben haben, auch wenn Pilatus, wie Josephus glaubhaft meldet, bereits am sechsten Tage eingelenkt hat. Träfe Philos Bericht zu, daß dies erst ein kaiserliches Schreiben bewirkt hätte, dann wären die Schilde monatelang in Jerusalem verblieben, denn rascher war eine Antwort des Kaisers kaum zu erhalten gewesen – sofern er sich denn überhaupt damit beschäftigt haben sollte. Tiberius hatte sich Ende 26 n. Chr. schwer erreichbar in seine *Villa Iovis* auf Capri zurückgezogen und die Geschäfte seinem Prätorianerpräfekten Sejan überlassen. Der Bericht Philos über die Entrüstung des Kaisers trägt den Stempel tendenziöser Rhetorik. Plausibler ist hier Josephus über die Rückführung der Hoheitszeichen.

Es ist unwahrscheinlich, daß Josephus seine dramatischen Einzelheiten im Hippodrom von Caesarea einfach erfunden hat. Viele Zeugen waren daran beteiligt. Josephus stellt das gewaltsame Aufbegehren gegen Rom immer wieder als töricht, ja gotteslästerlich hin, den gewaltlosen Widerstand wie hier aber als erfolgversprechend. Für ihn war die Massenaktion der opferbereiten Juden wichtig, für Agrippa und Philo dagegen belanglos, ja störend, denn sie konnte von Caligula und Claudius als Unbotmäßigkeit der Juden aufgefaßt werden und widersprach dem von Agrippa beziehungsweise Philo entworfenen Bild vom sturen Statthalter. Er gab ja nach! Das bedeutet, daß Josephus nicht den Text Philos umgestaltet hat, sondern daß beide Autoren unterschiedliche Traditionen desselben Vorfalles wiedergeben, dabei weglassen, was ihrer Tendenz entgegensteht, und übertreiben, was ihr nützt. Offenkundig hat jeder der beiden Autoren den Vorgang nach seinen Zwecken umgestaltet: Philo die Lösung durch den Brief des «judenfreundlichen» Kaisers, Josephus den «provokativen» Anlaß in den Feldzeichen mit den Kaiserbildern.

Motive für die Umformung der Schilde in Feldzeichen sind benennbar: Die gemäß Philo religiöse Neutralität der Schilde widerspricht seiner Tendenz, Pilatus anzuschwärzen, darum dürfte es sich tatsächlich um Schilde, nicht um anstößige Medaillons an Standarten gehandelt haben. Daß bei Josephus aus den Schilden Feldzeichen geworden sind, steigert die Blasphemie des verhaßten Pilatus und macht dem Leser das Verhalten der Juden leichter verständlich, weil sie auch bei späteren Gelegenheiten an Standarten mit dem Kaiserporträt Anstoß genommen haben. Josephus berichtet davon im Zusammenhang mit dem Besuch des Vitellius in Jerusalem 37 n. Chr. (S. 63).

Noch begreiflicher wäre der Zorn der Frommen, wenn Pilatus die Weihegaben nicht in den Herodespalast, sondern in den Tempel gebracht hätte. Diese abermalige Prägnanzsteigerung bietet, angeblich nach Philo, der doch die *basileia* nennt, Euseb. Indem der Kirchenvater den Pilatus die Objekte (*sêmaiai*) nachts in den Tempel (*to hieron*) tragen läßt, gewinnt das Sakrileg weiter an Schärfe. Ohne Nachfolge blieb die noch krassere Verzerrung bei Origenes im frühen 3. Jahrhundert. In seinem Kommentar zu Matthäus (17,25) sind aus den Medaillons regelrechte Kaiserstatuen geworden, die Pilatus im Tempel aufstellen und weihen wollte. Muster für dieses Stadium der legendären Verformung ist Caligulas blasphemischer Anspruch auf ein Standbild zu seiner Verehrung im Tempel im Jahre 40 n. Chr. Indes ist die Legendenbildung sogar noch darüber hinausgegangen. Ephrem der Syrer behauptet Ende des 4. Jahrhunderts, Pilatus habe einen Schweinekopf in den Tempel bringen lassen.

In der legendären Ausgestaltung des Sakrilegs des Pilatus ist Josephus mit seiner Dublette zu Philo daher nicht Ausgangsbasis, sondern Zwischenstufe. Die Geschichte wurde – hier wie sonst – immer drastischer. Darum sind schon bei Philo und Josephus Abstriche erlaubt und geboten. Von den Juden zum Einlenken genötigt, erlitt Pilatus durch seinen Rückzieher einen Prestigeverlust, der sein späteres Verhalten erklärlicher macht. Durch die Verurteilung Jesu suchte und erhielt er dann den Beifall der führenden Juden.

Im Konflikt zwischen Pilatus und den Juden steht Tiberius auf seiten der letzteren, bei Philo bzw. Agrippa ausgesprochen, bei Josephus unausgesprochen. Dies ist insofern bemerkenswert, als Tiberius zuvor aus gegebenem Anlaß die Juden in Rom aus der Stadt verbannt hatte. In größerer Zahl waren sie als kriegsgefangene Sklaven des Pompeius aus dem Orient gekommen, waren überwiegend freigelassen worden und hatten sich in Trastevere, der *Regio trans Tiberim* angesiedelt. Wir hören von 13 Synagogen-Gemeinden in Rom. Ihre bis in die Spätantike bezeugte Neigung zu Massenaufläufen hatte sie unbeliebt gemacht, wie wir aus Ciceros Rede für Flaccus und aus Versen bei Horaz entnehmen können. Augustus hatte eine Abneigung gegen die jüdischen wie die ägyptischen Riten. Sie wirkten auf ihn bizarr. In der Folgezeit wuchs die jüdische Gemeinde, wenn Cassius Dio zu Anfang des 3. Jahrhunderts verläßlich berichtet. Die Juden verstanden es, viele Römer zu ihrem Glauben zu bekehren. Den jüdischen Missionseifer, ihre Proselytenmacherei bestätigen und beklagen fünf antike Autoren.

Unter Tiberius kam es, wie Josephus meldet, in Rom zum Eklat. Ein jüdischer Verbrecher war aus seiner Heimat nach Rom geflüchtet, wo er sich als Lehrer des mosaischen Gesetzes einen Namen machte. Gemeinsam mit drei Anhängern gewann er Fulvia, eine Dame senatorischen Standes, für das Judentum. Sie stiftete sogar Purpur und Gold für den Jerusalemer Tempel, doch jener Betrüger unterschlug die Stiftung. Tiberius erfuhr davon durch Fulvias Ehemann, einen seiner engeren Freunde, und verbannte die Juden aus Rom. Eine solche Kollektivstrafe wäre unverständlich, wenn die Juden nicht immer wieder lautstark in Massen (lateinisch *turba*, griechisch *thorybos*) aufgetreten wären. Viertausend seien damals als Soldaten nach Sardinien gesandt worden. Wer aus religiösen Gründen den Kriegsdienst verweigerte, sei mit harten Strafen belegt worden. Josephus berichtet die Episode im Zusammenhang mit Pilatus, Tacitus aber setzt sie unter die Konsuln von 19 n. Chr. Die Verbannten sollten, so fügt er hinzu, in Sardinien die Räuber bekämpfen, und wenn sie dem angeblich so rauhen Klima dort erlägen, so wäre das ein *vile damnum*, ein geringer Schaden. Sowohl Tacitus als auch Sueton verbinden die Aktion mit dem Verbot ägyptischer Riten in der römischen Öffentlichkeit: Auch die Isis-Verehrer und die Astrologen mußten verschwinden. Es ging daher nicht gezielt gegen die Juden, sondern gegen anstößiges Verhalten. Die Ausweisung der Juden wiederholte sich unter Claudius 49 n. Chr., diesmal wieder wegen tumultuarischer Aufläufe.

Der folgende Zusammenstoß – nun abermals in Judäa – ist ganz anderer Natur, aber wiederum auf seine Weise bezeichnend. Zu den Aufgaben eines Statthalters zählte die Förderung der Zivilisation. In diesem Sinne hat Pilatus einen der beiden Leuchttürme an der Hafeneinfahrt von Caesarea erneuern lassen, wie die Bestimmung des Tiberieums durch Alföldy zeigt. Doch nicht nur dieses. Der Stolz jeder römerzeitlichen Stadt war ihre reichliche Wasserversorgung. Josephus lobt die Aquädukte, die Herodes für das Herodeion und für Laodicea Maritima bauen ließ. Daß sich auch ein Statthalter darum kümmerte, wissen wir aus dem Briefwechsel zwischen Plinius und Trajan, in dem es um den Bau und die Finanzierung einer Wasserleitung für Nicomedia in Bithynien ging, es ist das heutige Ismid in der Türkei. Plinius war dort um 111 n. Chr. kaiserlicher Legat.

Jerusalem hatte wenig Wasser. Dies mußte sich zumal bei den Wallfahrtsfesten bemerkbar machen, wenn Tausende von Pilgern nach Jerusalem strömten. Pilatus beschloß, wie Josephus berichtet, von einer entfernten Quelle das Wasser in die Stadt zu führen. Das geht vermutlich auf eine jüdische Anregung zurück. Für die Kosten der Wasserleitung griff er auf den Tempelschatz, den Korban, zurück (S. 19). Wenn der Schatz größere Reserven besaß, und damit ist zu rechnen, war das vielleicht nicht nur nach römischer Ansicht totes Kapital, das in Form eines Aquäduktes größeren Nutzen stiftete. In den Augen der strenggläubigen Menge aber plante Pilatus ein Sakrileg. Die Massen umringten das Tribunal des Statthalters, als er Jerusalem besuchte, und tobten zu Tausenden. Pilatus hatte das erwartet und Soldaten in Zivil mit Knüppeln unter die Menge gemischt. Den Gebrauch von Schwertern hatte er untersagt. Von der Rednerbühne gab er das Signal, die Soldaten droschen auf die Juden los, diese setzten sich zur Wehr, und es entstand eine Panik, bei der viele Menschen umkamen.

Der Bericht des Josephus will seinen jüdischen Lesern wiederum eine politische Botschaft vermitteln: Trotz gegen die Römer führt ins Unglück, Rebellion kostet Blut. Die Gegenprobe erweist der gewaltlose Widerstand gegen die Standarten, er hatte Erfolg. Die Tendenz ist klar, das Geschehen nicht. Die Darstellung läßt Fragen offen. Da der Tempelbezirk bei Todesstrafe von keinem Unbefugten betreten werden durfte (S. 19), hätte Pilatus Gewalt anwenden oder das Einverständnis von Kaiphas und dem Synhedrion besitzen müssen, um an den Tempelschatz zu kommen. Einen gewaltsamen Zugriff hätte Josephus zweifellos vermerkt, während er das Einvernehmen des Statthalters mit den Hohen Priestern unterdrückt haben könnte, um diese zu schonen und den Römer allein zu belasten, dem er nicht gewogen war, oder weil er über die Rolle der Tempelpriester im unklaren blieb. Gewiß hatte die jüdische Geistlichkeit keinen Grund, ihr Entgegenkommen gegenüber dem Bauvorhaben des Statthalters bekannt zu machen, obschon sie ein reines Gewissen haben konnte. Denn die Überschüsse aus dem Korban durften für gemeinnützige Zwecke verwendet werden. Der Traktat Schekalim aus der Mischna gestattete dies. Topographische Erwägungen sprechen dafür, daß die Wasserleitung von den Salomons-Teichen südwestlich von Bethlehem nach Jerusalem geführt werden sollte. Zwei Aquädukte sind archäologisch nachgewiesen, von denen einer auf das Projekt des Pilatus zurückgehen dürfte.

In die Zeit vor der Hinrichtung Jesu gehört noch ein Konflikt, den allein Lukas (13,1ff) andeutet. «Es waren aber zu der Zeit etliche dabei, die verkündigten ihm von den Galiläern, deren Blut Pilatus mit dem ihrer Opfer vermischt hatte. Und Jesus antwortete und sprach zu ihnen: Meinet ihr, daß diese Galiläer vor allen Galiläern Sünder gewesen sind, dieweil sie das erlitten haben? Ich sage: Nein, sondern so ihr euch nicht bessert, werdet ihr alle auch also umkommen.» Der griechische Begriff *thysia* steht für das Opfer im Tempel zu Jerusalem. Was dem Eingreifen des Pilatus, bei dem es Tote gegeben hat, vorausgegangen ist, bleibt unklar. Gewiß ist, daß es sich um Untertanen des Antipas handelte, mit dem Pilatus nach Lukas (23,12) später verfeindet war. Vielleicht wegen dieser Sache? Das Neue Testament schweigt über den Grund des Zusammenstoßes. Jesus wendet das Problem ins allgemeine und nimmt zur Schuldfrage nur mittelbar Stellung: Verdient hätten alle die Strafe des Statthalters, wenn sie sich nicht besserten.

Die von Philo und Josephus behauptete judenfeindliche Haltung des Pilatus ist in Verbindung gebracht worden mit der Politik des *praefectus praetorio* Lucius Aelius Seianus, der schon vor 20 n. Chr. und dann bis zu seinem Sturz 31 n. Chr. die Gunst des Kaisers genoß. Bei der Ernennung des Pilatus könnte dieser damals mächtigste Mann im Reich mitgesprochen haben. Er hatte den Kaiser Tiberius bewogen, sich nach Capri zu begeben und ihm die Regierung zu überlassen. Sejan wird von Philo gemeinsam mit dem *praefectus Aegypti* Aulus Avillius Flaccus als Erzfeind der Juden hingestellt. Angeblich wollte Sejan das Judenvolk geradezu ausrotten, ähnlich Haman, der Großwesir des Perserkönig Xerxes im Buch Esther (3,6 ff). Und so wie Haman schließlich sein verdientes Ende als Gottesfeind fand, deutete Philo den schrecklichen Untergang der beiden Präfekten als göttliche Vergeltung für ihre Machenschaften gegen die Juden. Hat nun Flaccus tatsächlich die Ausschreitungen der Alexandriner gegen die dortigen Juden begünstigt, bleibt doch offen, was denn Sejan gegen die Juden Italiens unternommen haben soll. Anscheinend sah Philo ihn als den Drahtzieher der Judenvertreibung des Jahres 19, um die göttliche Rache zu motivieren und Tiberius zu entlasten, der als Judenfreund in Anspruch genommen wird. So kann dieser für Claudius, unter dem, wie Euseb bezeugt, die ‹Legatio› veröffentlicht wurde, neben Caesar und Augustus als Vorbild dienen.

So wenig nun die Judenfeindschaft Sejans Glauben verdient, so wenig steht sie hinter den Maßnahmen des Pilatus in Judäa. Wenn Pilatus als «Kreatur Sejans» diffamiert wird, so ist das durchaus unbegründet. Er tat bis zum Schluß, was er nicht ohne Grund für üblich und angemessen hielt. Die Verknüpfung der beiden «Judenfeinde» in Caesarea und Rom beruht auf dem Mißverständnis einer ohnehin historisch unbegründeten Behauptung in Eusebs Kirchengeschichte. Im Anschluß an den tendenziösen Bericht Philos stellt er die Drangsal der Juden in Rom und Judäa nebeneinander, um daran die Strafe Gottes an den Peinigern, nun aber für die Kreuzigung Christi zu zeigen. Wie zuvor bei Philo in jüdischer wird nun bei Euseb in christlicher Absicht Geschichte als Vergeltung gedeutet und damit als Argument für die eigene Sache instrumentalisiert. Von einem Einfluß Sejans auf Pilatus ist bei Euseb und auch sonst nichts zu erkennen.

Abwegig ist ebenso die Vermutung, daß die Erinnerung an das Schicksal Sejans Pilatus bewogen habe, Jesus hinzurichten, nachdem die Juden ihm gedroht haben, anderenfalls sei er «des Kaisers Freund nicht mehr» (Joh. 19,12). Denn das war Pilatus, zumal im formalen Sinne, nie. Die kleine Gruppe der *amici Caesaris*, die engsten Vertrauten des Kaisers, waren hochgestellte

Persönlichkeiten, deren Namen wir großenteils kennen. Ein kleiner ritterlicher Beamter wie Pilatus gehörte nicht zu diesem illustren Kreis. Daß Tiberius, wie die Menge meinte, die Hinrichtung Jesu verlangen würde, ist auszuschließen. Vielmehr lag das Interesse an seiner Beseitigung bei den amtlichen Hütern der mosaischen Rechtgläubigkeit, beim Synhedrion unter dem Hohen Priester Kaiphas, der dem Statthalter diesen protestierenden Reformator – um nicht zu sagen Protestanten – aus Nazareth als Rebellenkönig auslieferte.

Nach dem Fest kehrte Pilatus nach Caesarea zurück. Um die weiteren Vorgänge in Jerusalem hat er sich nicht gekümmert. Fünfzig Tage nach dem Todespassah, während des Wochenfestes, vollzog sich das Pfingstwunder. Petrus nutzte die Anwesenheit zahlreicher Pilger aus Rom und dem gesamten Nahen Osten zu einer Predigt. Und alle verstanden ihn! Jeder in seiner Landessprache (Apg. 2). Da nun Petrus, so wie die anderen Apostel, nicht in sechzehn Sprachen zugleich gesprochen haben kann, dürfte der Grund für die Verstehbarkeit darin liegen, daß er vom Aramäischen zum Griechischen übergegangen war (S. 68).

Unter seiner Leitung bildete sich in Jerusalem eine wachsende christliche Gemeinde. Sie geriet nochmals mit dem Hohen Rat in Konflikt. Er führte zum Martyrium des Stephanus, das wahrscheinlich noch in die Amtszeit des Pilatus fällt. In der Gemeinde war Unfriede entstanden zwischen den Judenchristen und den Heidenchristen, die zuvor einem nichtjüdischen Glauben angehangen hatten. Diese glaubten, daß ihre Witwen bei der Armenfürsorge gegenüber den Judenchristen benachteiligt würden. Auf den Rat der Apostel hin wählten die Christen darum sieben Diakone, das heißt Helfer für den Tischdienst, unter ihnen Stephanus. Der Name läßt auf einen griechisch sprechenden Christen schließen. «Stephanus aber voll Gnade und Kraft, tat Wunder und große Zeichen unter dem Volk» (Apg. 6,8).

Gegen seine Predigt wandten sich nun griechisch redende Juden aus der Diaspora und verklagten ihn beim Hohen Rat, weil er – wie Jesus – wider das mosaische Gesetz und den Tempeldienst gesprochen habe. Die Apostelgeschichte (Kap. 7) bringt eine – fraglos unhistorische – Rede des Stephanus vor dem Sanhedrin, in der er Jesus als Messias verkündet. Die Juden «schrieen aber laut und hielten ihre Ohren zu und stürmten einmütig auf ihn ein, stießen ihn zur Stadt hinaus und steinigten ihn». Pilatus saß in Caesarea, hat von dem Vorfall möglicherweise nichts erfahren; wenn aber, hätte er seinen alten Freund Kaiphas oder den Sanhedrin zur Rechenschaft ziehen müssen. Daran hatte er gewiß kein politisches Interesse. Und da die Christen keine Anklage erhoben, blieb der Fall ungesühnt.

Die Christen waren in Jerusalem geduldet, solange sie nicht predigten. Das vom Hohen Rat verhängte Lehrverbot haben sie jedoch übertreten (Apg. 4,18; 5,28). Nach dem Tode des Stephanus kamen die Köpfe der Gemeinde deshalb ins Gefängnis, andere zogen aus und verkündeten Jesus als den Christus. Paulus aber «hatte Wohlgefallen am Tode des Stephanus und wütete wider die Gemeinde», heißt es in der Apostelgeschichte (8,1ff.). Haupt der Verfolgung war Kaiphas, wie die pseudoclementinischen Rekognitionen (71,4) erzählen. Er schickte Paulus zur Unterdrückung der christlichen Abfallbewegung nach Damaskus. Auf Paulus aber hatte Stephanus Eindruck gemacht. Durchaus treffend heißt es bei (Pseudo-)Augustinus: Hätte Stephanus nicht gebetet, hätte die Kirche keinen Paulus. Dieser «schnaubte noch mit Drohen und Morden wider die Jünger des HErrn» (Apg. 9.1), erlebte dann aber vor Damaskus seine Bekehrung und wurde der Organisator der jungen Kirche.

Pilatus stürzte über einen Konflikt mit den Samaritanern. Sie erwarteten den Taheb, den von Gott erweckten Propheten (5. Mose 18,15 ff), der die von Moses vergrabenen heiligen Gefäße finden und das Volk erlösen werde. Ein solcher, nach Josephus «falscher Prophet» erhob sich im Jahre 36. Dieser Mann, «der sich aus Lügen nichts machte und dem jedes Wort recht war, um die Volksgunst zu erringen», wiegelte die Samaritaner auf und wollte mit ihnen den heiligen Berg Garizim besteigen. Die Menge erschien in Waffen, offenbar auf den Endkampf vorbereitet, sammelte sich in dem Dorf Tirathana (heute Tira) und wurde immer größer. Da versperrte ihnen Pilatus den Aufgang zum Berge mit Reiterei und schwerbewaffneten Fußkämpfern. Es kam zu einer regelrechten Schlacht, die viele Tote forderte. Die Anführer unter den Gefangenen ließ Pilatus hinrichten. Ob der «falsche Prophet» selbst darunter war, wird nicht berichtet. Wenn er entkam, könnte er identisch sein mit Dositheos Samaritanus, der um 40 n. Chr. als neuer Moses aufgetreten ist und viel Anhang unter den Samaritanern fand.

Nach der Katastrophe schickte der Rat (die *boulê*) der Samaritaner eine Beschwerde an den übergeordneten Statthalter Syriens Lucius Vitellius, den Vater des späteren gleichnamigen Kaisers. Vitellius, der seit 35 Statthalter in Syrien war und in Antiochia residierte, regierte den Orient als *legatus Augusti pro praetore* mit nahezu kaiserlichen Vollmachten, wie Tacitus bemerkt.

Die Samaritaner erschienen vor Vitellius und beteuerten, keinen Aufstand gegen Rom verschuldet zu haben, sondern auf der Flucht vor Pilatus nach Tirathana gekommen zu sein. Das klingt nicht sehr überzeugend. Warum sollte er sie verfolgt haben? Daß Pilatus im Verhalten der gerüsteten Samaritaner eine Gefahr erblicken konnte, bestätigt ein Vorgang aus dem Jüdischen Krieg. Wiederum besetzten bewaffnete Samaritaner den Berg. Cerealis, einer der Legionslegaten Vespasians, forderte sie auf, die Waffen niederzulegen und den Berg zu verlassen. Die Samaritaner weigerten sich, die Römer stürmten, und Tausende fanden den Tod, so am 15. Juli 67.

Vitellius nahm die Klage gegen Pilatus ernst. Er schickte seinen Freund Marcellus nach Caesarea mit dem Auftrag, zwischenzeitlich die Präfektur in Judäa bis zur Entscheidung des Kaisers zu übernehmen. Pilatus wurde zu Anfang des Jahres 37 suspendiert und mußte sich nach Rom begeben, um sich vor Tiberius zu verantworten. Als Pilatus dort eintraf, war der Kaiser eine Weile zuvor, am 16. März 37, gestorben. Mit der Rückkehr nach Rom enden die verläßlichen Nachrichten über Pilatus.

Nach der Abreise des Pilatus erschien Vitellius im Frühjahr 37 in Judäa. Der Grund war der Streit zwischen Antipas und dem Nabatäerfürsten Aretas IV in Petra. Antipas hatte eine Tochter von ihm zur Frau, die ihn verließ, als er sich der Herodias zugewandt hatte. Daraus entstand ein Krieg, Antipas schien zu verlieren. Vitellius kam ihm zu Hilfe und zog auf seinem Marsch nach Jerusalem, wo ihm die Juden während des Passahfestes 37 einen glänzenden Empfang bereiteten. Er gab ihnen die in der Antonia-Festung aufbewahrten heiligen Priestergewänder zurück und gewährte ihnen, Josephus zufolge, weitere, auch finanzielle Vergünstigungen. Seine Truppen hatte er, der anstößigen Feldzeichen halber, einen Umweg nehmen lassen.

Im Hinblick auf Pilatus ist bedeutsam, daß Vitellius damals den Hohen Priester Kaiphas absetzte. Er wurde nach einer ungewöhnlich langen Amtszeit von 18 Jahren in den Sturz des Pilatus hineingezogen, und das bestätigt den Eindruck, daß zwischen den beiden gute Beziehungen bestanden hatten. So wie beim Bau der Wasserleitung zu vermuten war, dürfte Kaiphas mit Pilatus wiederum einig gewesen sein, als dieser gegen die den Juden so verhaßten Samaritaner vorging. Sohin dürfte die Hinrichtung Jesu, wie die Evangelisten berichten, tatsächlich eine Gefälligkeit des Pilatus gegen die Obersten der Juden gewesen sein.

Das Charakterbild, das die zeitgenössischen Quellen von Pilatus entwerfen, steht im Zeichen seiner Einstellung zu den Juden und ist tendenziös. Er gilt in den jüdischen Quellen als brutaler Judenfeind, bei Philo im Unterschied zu dem wohlwollenden Kaiser Tiberius, bei Josephus im Hinblick auf die wachsenden Spannungen, die sich 66 n. Chr. im Jüdischen Krieg entluden. In der Bibel hingegen ist Pilatus weichherzig, er will den Juden Jesus schonen, beugt sich dann aber den Forderungen des Hohen Rats und des «Volkes», gibt indessen den Leichnam zur Bestattung frei. Beide Charakterisierungen widersprechen einander und sind erkennbar gefärbt. Berücksichtigen wir die Gesamtsituation, fällt das Bild von der Amtsführung des Präfekten keineswegs aus dem Rahmen römischer Verwaltungspraxis.

Der Ausbau des Hafens von Caesarea und die Anlage einer Wasserleitung für Jerusalempilger zeigen einen umsichtigen, pflichtbewußten Statthalter. Dies gilt ebenso für die Anbringung der kaiserlichen Ehrenschilde im Prätorium zu Jerusalem. Dem jüdischen Protest gegen den staatlichen Hoheitsakt hat Pilatus so wie später Petronius nachgegeben, und ebenso hat er bei den Unruhen wegen der Wasserleitung Blutvergießen zu vermeiden getrachtet. Das «Blut der Galiläer» wird Pilatus nicht zur Last gelegt. Über die Verurteilung Jesu haben sich dessen Anhänger weder in Antiochia noch beim Kaiser beschwert, wie das sonst jüdische Art war. Pilatus verurteilte Jesus als *rex Iudaeorum* und entsprach damit dem Wunsch der jüdischen Behörden, die dann gewiß auch keine Einwände bei seinem Vorgehen gegen die Samaritaner, ihre Erzfeinde, hatten. Dem Legaten von Syrien jedoch erschien dies zu hart. Umgerechnet auf die zehnjährige Amtszeit des Pilatus ergeben die zwei oder drei Konflikte mit den Juden doch wahrlich keine schwarze Liste! Velleius und Sueton vermelden, der Kaiser habe die Provinzen vor Ungerechtigkeiten der Beamten bewahrt. Das kann immerhin *cum grano salis* gelten.

5. Die Passion

Die Bibel ist ein Geschichtsbuch, allerdings von besonderer Art. Zwischen Weltschöpfung und Weltgericht enthält sie in chronologischer Folge die von unbekannten Autoren dargestellten Schicksale des auserwählten Volkes, dazu lehrhafte, poetische und prophetische Texte. Höhepunkt ist die Fleischwerdung Gottes in Jesus von Nazareth.

Wie keine andere Religion hat sich das Christentum auf zeitgeschichtliche oder für zeitgeschichtlich gehaltene Vorgänge berufen, namentlich auf Leben, Lehre und Leiden Jesu, auf seine Kreuzigung und Auferstehung. Zahlreiche Personen des Neuen Testaments sind außerbiblisch bezeugt und historisch gesichert: die Kaiser Augustus, Tiberius und Claudius, die Legaten Publius Sulpicius Quirinius, Sergius Paullus und Junius Gallio, die Prokuratoren Felix und Festus, sodann die Idumäer Herodes der Große, seine Söhne und Nachfolger Archelaos, Herodes Antipas und Herodes Philippos mit seiner Tochter Salome und ihrer Mutter Herodias, weiterhin Johannes der Täufer, der Hohe Priester Kaiphas, Simon von Kyrene und der Zelot Judas von Gamala. Als einer für alle steht im Credo der am Heilsgeschehen wie kein anderer beteiligte *praefectus Iudaeae* Pilatus.

Zur Datierung und Beglaubigung der Geschichtlichkeit der Passion, so schreibt Augustinus, wurde auf dem zweiten ökumenischen Konzil 381 in Konstantinopel unter Kaiser Theodosius I der Name des Pilatus ins offizielle, vom Kaiser genehmigte und vorgeschriebene Glaubensbekenntnis aufgenommen. In der westlichen Tradition des Credos findet sich die älteste Nennung des Pilatus jedoch schon um 175 bei Irenäus von Lyon, sodann um 200 bei Tertullian und um 215 bei Hippolytus von Rom. Aus der altrömischen Taufformel, dem sogenannten ‹Romanum›, ist Pilatus 381 übernommen worden. Dies geschah auf Anregung des Kirchenvaters Gregor von Nyssa. Alle christlichen Konfessionen haben die Nennung des Pilatus beibehalten.

Im Unterschied zu historischen Werken sonst will die Bibel nicht bloß im Sinne Rankes berichten, «wie es eigentlich gewesen», sondern Heilsgeschichte liefern, die das Handeln Gottes am Menschen zeigt und den Leser durch «frohe Botschaft» zum Glauben führt. Die Texte waren zum gottesdienstlichen Gebrauch bestimmt und hatten religiöse Erfordernisse zu erfüllen. Daher sind sie durchsetzt mit Geboten und Gebeten, Weherufen und Verheißungen, mit Wundern und Wahrträumen, Engeln und Dämonen. Selbst Lukas, der sich als Historiker versteht, läßt gleich im ersten Kapitel den Engel Gabriel auftreten (1,19). Nachdem bereits der Kirchenvater Origenes um 240 erkannt und erklärt hatte, daß die Evangelien keine reine Geschichte bieten, sondern Botschaften enthalten, die «in geistigem Sinn» zu verstehen seien, hat sich, wenn auch spät, in der Aufklärung die historische Kritik gemeldet.

Die Forschung von Reimarus bei Lessing 1778 über David Friedrich Strauß 1835/36 zu Bultmann 1921 hat nicht ohne Erfolge versucht, das formgeschichtliche Zustandekommen der Texte, das Wachstum der Tradition verständlich zu machen und so hinter der theologischen Übermalung den historischen Gehalt zu erkennen. Zumal die Passionsberichte enthalten novellistische Umgestaltungen und theologische Zutaten, überwiegend solche, die angeblich Weissagungen aus dem Alten Testament erfüllen. Mitunter referiert aber auch ein jüngerer Text ältere Überlieferung. Insbesondere der Johannes-Evangelist greift mehrfach hinter die Synoptiker zurück, so wenn er nichts von der Bethlehem-Legende weiß (1,46; 7,41), Joseph als Vater Jesu nennt (6,42) und das letzte Mahl nicht nach dem Ritual der Eucharistie gestaltet (13,21).

Die relative Chronologie der Texte des Neuen Testaments ist gesichert. Die ältesten Schriften, die echten Briefe des Paulus aus der Zeit Neros, erwähnen Pilatus nicht, dies tut nur der pseudopaulinische Pastoralbrief an Timotheus (1. Tim. 6,13). Er stammt aus dem späten ersten Jahrhundert, so wie die Texte der vier Evangelisten, die alle nach dem Fall Jerusalems 70 n. Chr. schrieben, den Jesus vorausgesagt haben soll (Mk. 13,14; Mt. 24,15; Lk. 19,41 ff). Das ist ein *vaticinium ex eventu*. So schrieb bald danach der sich kurz fassende Markus, dann Matthäus (um 80) und Lukas (um 90). Die Schlußabschnitte von Markus und Matthäus sind jünger. Das Johannes-Evangelium wird in die Zeit kurz nach 100 datiert. Es wurde von einem anonymen Autor verfaßt, der als der Jünger Johannes Zebedäi erkannt werden wollte, es aber nicht war. Auch über die wirklichen Verfasser der ersten drei weitgehend parallel erzählenden «synoptischen» Evangelien wissen wir nichts Sicheres. Keiner der Autoren des Neuen Testaments hat Jesus oder gar den Auferstandenen gesehen; und wenn der Johannes-Evangelist (21,24) sowie Petrus bei Lukas (Apg. 2,32) und im pseudonymen zweiten Petrusbrief (1,16 ff) dies kühn behaupten, so ist das fromme Fiktion.

Die jüngeren Autoren haben die älteren benutzt und erweitert um «Sondergut» und um – echte oder zugeschriebene – Aussprüche Jesu, die in einer erschlossenen «Logienquelle» aus dem Palästinisch-Aramäischen, der Sprache Jesu, bereits ins Griechische, die Sprache der Evangelisten, übersetzt waren. Autor der Logienquelle war vermutlich Simon Petrus. Daß er griechisch sprach, macht sein Zweitname *Petros* (Fels wie hebräisch *kephas*) wahrscheinlich; auch sein Bruder Andreas trug einen griechischen Namen und dolmetschte einmal zwischen griechischen «Gottesfürchtigen» und Jesus (Joh. 12,22). Der Übergang zum Griechischen erklärt das Pfingstwunder (S. 61). Die Sonderstellung des Petrus unter den Jüngern (Mt. 16,18) ist in der Logienquelle vorgebildet. Jesus selbst hat, so wie Konfuzius und Buddha, Sokrates und Mohammed nichts Schriftliches hinterlassen, obschon er schreiben konnte (Joh. 8,6 ff).

Während Paulus über die Kreuzigung hinaus nichts verläßlich Biographisches zu Jesus bringt, berichten die Evangelien gemäß ihrer eigenen Theologie nach der Gemeindetradition, die selbst bereits theologisch geprägt war. Auch zwischen der Abfassung der Urtexte und den ältesten erhaltenen Abschriften aus dem 4. Jahrhundert kann einiges hinzugekommen sein, was religiösen Zwecken diente. Glaubensgut und Wunderwerk wird der Historiker beiseite lassen; er steht aber vor der Schwierigkeit, Aussagen zu bewerten, die offensichtlich einem religiösen Zweck dienen, historisch aber nicht geradezu unmöglich sind. Hier wird er danach urteilen, welche Zusatzannahmen plausibel sind, um Historizität zu gewährleisten. Dennoch werden weiterhin selbst von Akademikern mit Verve Positionen vertreten, die sogar hinter die Aufklärung zurückfallen, so noch 2011 vom Wiener Theologen Karl Jaroš. Als «wahrer Gott vom wahren Gott» verrichtete Jesus echte Wunder, selbst Totenerweckungen! Die Prophezeiung der Auferstehung und diese selbst sind für den Österreicher historisch gesicherte Tatsachen. Trotz solcher Atavismen dominiert wissenschaftshistorisch langfristig die Neigung zu rationaler Kritik.

Die Urchristen waren an einer genauen biographischen Überlieferung nicht interessiert. Die Markus noch unbekannten Kindheitsgeschichten Jesu und die Abstammung von David sind Kultlegenden; die Taufe Jesu durch Johannes ist das erste zweifelsfreie Ereignis. Die Lehrtätigkeit Jesu danach beschränkt sich nach den Zeitangaben der Evangelisten auf die wenigen Monate zwischen zwei oder drei Passahfesten: das Nikodemuspassah im Jahre 28 (Joh. 2,13 ff; 3,1) oder das Laubhüttenfest zuvor, das Brotvermehrungspassah 29 (Joh. 6,4 ff) und das Todespassah 30 (Joh. 11,55). Möglicherweise wurde dabei eine längere Wirksamkeit Jesu auf ein oder zwei Jahre zusammengedrängt. Ereignisfolgen, die sich über einen größeren Zeitraum erstrecken, werden nicht berichtet. Eine laufende Chronologie bieten erst die letzten Tage Jesu.

Das Todesdrama beginnt am Palmsonntag (Joh. 12,1) mit der Ankunft Jesu aus Galiläa in Jerusalem, wo er mit seinem Gefolge am Passahfest teilnehmen will. Jesus wird von der Menge als der Messias mit Hosianna-Rufen wie ein König – allerdings ohne Palmen – empfangen. Abgesehen von legendären Einzelheiten ist an dem Einzug, den viele miterlebt haben, nicht zu zweifeln. Er bezeugt die verbreitete Sehnsucht nach einer Erneuerung des «Reiches unseres Vaters David» (Mk. 11,9) durch einen Messiaskönig. Nach Johannes (6,15) hatte sich Jesus schon einmal der Absicht einer Volksmenge, ihn zum König zu erheben, durch die Flucht entziehen müssen.

Aufsehen erregte ebenso die Tempelreinigung (Mk. 11,15 ff). Mit Peitschenhieben trieb Jesus die Verkäufer von Opfertauben und die Wechsler, die, wie vorgeschrieben, tyrische Didrachmen für die Tempelsteuer feilboten, aus dem Vorhof des Tempels. Jesus stellte die Haupteinnahmequelle der Priesterschaft in Frage. Das war ein Skandal, bei dem der Hohe Rat aus Furcht vor dem Volk nicht einzugreifen wagte. Diese Szene hat laut Johannes (2,13 ff) allerdings bereits zwei Jahre zuvor beim Nikodemuspassah stattgefunden, und dies erklärt die Popularität Jesu bei seinem Einzug (Mt. 21,8 ff). Der höheren Wirkung halber wurde die Aktion von den Synoptikern mit dem Todespassah verbunden.

Jesus predigte nun täglich auf dem Tempelberg, und das war für die orthodoxen Behörden ein Ärgernis, denn er griff die Pharisäer an und stellte das mosaische Gesetz in Frage, zumal die Sabbatruhe, die Reinheitsgebote und die Speisetabus. Das stieß auf Widerstand. Während man andere jüdische Sekten gewähren ließ, wurden die Jesusanhänger von der Tempelbehörde beargwöhnt und verfolgt. Schon zweimal hatte man versucht, Jesus zu steinigen (Joh. 8,59; 10,31). Paulus begann als Christenverfolger im Auftrag des Hohen Rats (Apg. 9,1 f).

Die von den Evangelisten erzählten weiteren Geschehnisse

sind theologisch überformt. Nach den Synoptikern feiert Jesus das abendliche Passahmahl nicht nach jüdischer Sitte, sondern ohne Opferlamm (das ist er selbst) gemäß der nachösterlichen Eucharistie, des – neben der Taufe – wichtigsten Sakraments der Urgemeinde. Die Kreuzigung fiele demnach auf den ersten Tag des Passahfestes. Das ist unwahrscheinlich. Plausibler datiert Johannes das Abschiedsessen ohne Bezug auf die Eucharistie auf den Tag zuvor, so daß die Hinrichtung bereits auf den 14. Nisan, den «Karfreitag» fällt, den 7. April 30. Legendär ist die Nachtszene in Gethsemane mit dem Gebet Jesu, das ja niemand mitgehört hat. Die Erscheinung des Engels und seine Trostworte (Lk. 22,43) sollen die heilsnotwendige These vom freiwilligen Opfertod Jesu menschlich begreiflich machen.

Gegen den Verrat und den Selbstmord des Judas wird zuweilen darauf verwiesen, daß Paulus (1. Kor. 15,5) von der Erscheinung des Auferstandenen «vor den Zwölfen» spricht, so wie wenn Judas noch dazugehört hätte. Da Paulus aber an der Biographie Jesu kein Interesse zeigt, nicht einmal Pilatus oder Maria mit Namen nennt, hat das Argument wenig Gewicht. Gehen wir behutsamer mit der Überlieferung um und reduzieren das legendär immer dramatischer ausgestaltete Bild des «Erzübeltäters» formgeschichtlich, so bleibt als vermutlicher Kern der Selbstmord übrig (Mt. 27,5). Er war im Judentum so selten, daß er hier kaum erfunden ist. Anders das Motiv, da ja kein Abschiedsbrief des Judas vorlag. Wenige Stunden nach seinem erfolgreichen Verrat ist die plötzliche Reue des Verräters keine überzeugende Erklärung für dessen Selbstmord. Das wahre Motiv dürfte die Verzweiflung über die Gefangennahme Jesu gewesen sein, von dem die «Befreiung Israels» nun nicht mehr zu erwarten war. Da aber Selbstmord nach jüdischem Verständnis verwerflich ist, mußte Judas auch zuvor schon ein Schurke gewesen sein. So wurde er vom Schatzmeister zum Dieb, zum Verräter, zum Teufel (Joh. 6,70). Die dreißig Silbermünzen stammen aus Sacharja 11,12 f, der Verrat aus Psalm 41,10. Alles ist konstruiert, «damit die Schrift erfüllet werde».

Historisch ist die Gefangennahme Jesu durch die Tempelpolizei, nicht jedoch die nächtliche Mitwirkung einer ganzen römischen Kohorte von 500 Mann, wie Johannes (18,3) erzählt. Glaubwürdig ist die Gegenwehr der Jünger. Jesus hatte ihnen befohlen, sich zu bewaffnen (Lk. 22,36). Der Hieb des «Petrus» – nur Johannes (18,10) nennt den Jünger mit Namen – zielte auf den Kopf des Tempelknechts, nicht auf dessen Ohr, das dann nach Lukas (22,50 f) Jesus wieder anheilt.

Der Befehl, Schwerter zu kaufen, steht im Kontext mit einer Reihe von martialischen Jesusworten, die dem Gebot der Feindesliebe kraß widersprechen und daher, anders als die Komposition der Bergpredigt bei Matthäus (5 ff) oder der Feldpredigt bei Lukas (6,17 ff), nicht erfunden sein können. «Ich bin nicht gekommen, den Frieden zu bringen, sondern das Schwert, den Sohn zu entzweien mit dem Vater, die Tochter mit dem Bruder» (Mt. 10,34 f). Jünger kann nicht werden, wer nicht «hasset seinen Vater, Mutter, Weib, Kinder, Brüder und Schwester» (Lk. 14,26). «Wer jemanden, der an mich glaubt, ärgert, dieser sollte mit einem Mühlstein um den Hals ins Meer versenkt werden» (Mk. 9,42). Weiter heißt es: «Ich bin gekommen, Feuer auf Erden anzuzünden und wollte, es brennete jetzt schon» (Lk. 12,49 ff). Und den Jüngern befahl Jesus: «Meine Feinde, die meine Königsherrschaft nicht anerkennen, bringt sie her und schlachtet sie (*katasphaxate*) vor meinen Augen» (Lk. 19,27). Den Pharisäern verkündet Jesus mit den Worten der Psalmisten (110,1), Gott werde dem Messias seine Feinde unter die Füße legen (Mt. 22,44), und den ungläubigen Städten verheißt er einen Untergang wie von Sodom und Gomorrha (Mt. 11,20 ff). Gewaltbereitschaft der Jünger ist mehrfach bezeugt (Mk. 3,17; Lk. 6,15 f; 9,54).

Die unrühmliche Flucht der Jünger nach der Verhaftung Jesu (Mt. 26,56) ist kaum erdichtet, eher die Rolle des Petrus, dessen spätere Führungsposition in der Gemeinde Anlaß gewesen sein könnte, ihm ein engeres Verhältnis zu Jesus zuzuschreiben als es der Wirklichkeit entsprach. Seine Treue wird freilich durch die – von Jesus vorhergesagte – Verleugnung überschattet. Ist es denkbar, daß Petrus diese Geschichte selbst in Umlauf gesetzt hat?

Unstrittig ist das Verhör des Gefangenen durch Kaiphas und die Ältesten. Jesus hatte öffentlich die gesamte Priesterschaft als heuchlerisches Otterngezücht diffamiert (Mt. 3,7; 12,34; 23,33), hatte Kernpunkte des mosaischen Gesetzes angegriffen, ja sich selbst eine besondere Nähe zu Gott angemaßt, die messianisches Gedankengut verriet. Sein Wort «Reißt den Tempel nieder!» (Joh. 2,19 f) war Blasphemie, selbst wenn «nur» gemeint war: «Schafft die alte Religion ab!» All das rechtfertigte, ja forderte seine Verurteilung als Gotteslästerer nach dem mosaischen Gesetz (3. Mose 24,16; 5. Mose 13). Durchaus denkbar ist auch die Sorge des Kaiphas, Jesus könnte eine Volkserhebung auslösen, die zum Eingreifen der Römer und zu einem Blutbad führen würde (Joh. 11,50). Über den genauen Wortwechsel vor dem Hohen Rat besaßen die Evangelisten sicherlich keine Kunde. Wenn sie Jesus das Bekenntnis, der Messias zu sein, in den Mund legten, so diente dies zur Bestätigung des Gemeindeglaubens, daß er der für die Endzeit verheißene *Christos* sei.

Ob Jesus selbst sich für den Messias gehalten hat, ist unklar. Unbestreitbar ist der Glaube der Jünger daran, wohlbezeugt ihr Wunsch, dies aus seinem Munde bestätigt zu hören. Während bei Johannes (4,26; 8,24; 10,30) Jesus sich als einen Gott zum Anfassen darstellt, lassen die Synoptiker erkennen, daß Jesus auf die drängenden, ja hoffenden Fragen, ob er der Gesalbte sei, eher ausweichend antwortete (Mk. 3,12; 8,30; 9,9). Dennoch hat er die Frage nicht geradezu verneint, sondern die Jünger bei ihrer Meinung belassen (Mt. 16,18). Die Logienquelle bietet noch kein Messiasbekenntnis, doch gibt es Herrenworte bei den Synoptikern (Mk. 10,35 ff; Mt. 23,11) und bei Johannes (4,26; 8,24) in unverdächtigem Kontext, in denen sich Jesus zu seiner Messiasrolle bekennt, zu der er sich offenbar durchgerungen hat. Zugeschrieben dagegen sind jene Messiasbekenntnisse, in denen Jesus sich als den von Daniel (7,13) prophezeiten «Menschensohn» bezeichnet, der da kommen wird im Namen des HErrn, «begleitet von allen Engeln», um das Weltgericht durchzuführen (Mk. 8,38). Diese Worte stehen im Zusammenhang mit der mehrfachen Vorhersage des nahen Todes, die nicht als historisch gelten kann (Mt. 23,39; 25,31). In der ältesten Überlieferung waren es die von Jesus ausgetriebenen unsauberen Geister, die seine Messianität als erste erkannten (Mk. 1,24; 3,11).

Wenn die verbreitete Hoffnung auf den *Christos* sich ausgerechnet in Jesus erfüllt glaubte, hängt dies mit seiner bezwingenden Persönlichkeit zusammen. Jesus ist der klassische Charismatiker, der Menschen zu Hoffnungen bewegt und zu Handlungen befähigt, die sie sich selbst nie zugetraut hätten. Tausende haben ihr Leben für den Glauben an Jesus hingegeben, das ist Tatsache. Daß umgekehrt Jesus sein Leben für die Menschheit hingegeben habe, ist Glaubenssache. Charisma wird faßbar als Rezeptionsphänomen. Dagegen ist das Selbstverständnis Jesu unerheblich. Was wir wirklich sind, das sind wir in den Augen der anderen.

Um bei Unruhen während des Passahfestes einschreiten zu können, war Pilatus von Caesarea nach Jerusalem heraufgekommen und hatte das Prätorium, den Herodespalast im Westen der Stadt bezogen. Dies ist das «Richthaus» der Lutherbibel. Daß Pilatus in der Festung Antonia residiert habe, ist eine mittelalterliche Legende, die bis heute von Pilgern und Touristen ernst genommen wird. Das nach der Zerstörung der Burg im Jahre 70 erhalten gebliebene, heute von Zionsschwestern gehütete Steinpflaster, wo Jesus verurteilt worden sein soll, stammt aus hadrianischer Zeit. Es ist daher nicht das bei Johannes (19,13) erwähnte *lithostrôton*, das vielmehr den Platz vor dem Herodespalast meint. Zu Unrecht gilt somit die Straße von der Festung zur Grabeskirche «auf Golgatha» schon im 16. Jahrhundert als Via Dolorosa.

Die Treppe, auf der Jesus zu Pilatus hinaufgestiegen sein soll, wird seit dem 15. Jahrhundert in Rom gezeigt. Es ist die *Scala Santa* der Sancta Sanctorum-Kapelle des Lateranpalastes. Die 28 Marmorstufen kamen zu Ende der Kreuzfahrerzeit aus dem Heiligen Land und dürfen nur auf den Knien erstiegen werden. Dies tat auch Luther 1510, auf jeder Stufe ein ‹Vater Unser› betend, um seinen Großvater aus dem Fegefeuer zu erlösen. Die Zweifel, die ihm kamen, betrafen die Wirksamkeit der Zeremonie, nicht die Echtheit der «Pilatustreppe».

Die Anwesenheit des Präfekten hinderte den Hohen Rat daran, Jesus nach seinem Verhör zu steinigen, so wie es gemäß dem mosaischen Gesetz (5. Mose 13,10 ff) später den ersten

Märtyrern Stephanus und Jakobus Justus geschah. Pilatus griff in religiöse Streitigkeiten ebensowenig ein wie später Sergius Paullus in Paphos (Apg. 13,7 ff) und Iunius Gallio in Korinth (Apg. 18). Von dem Tempelskandal nahm er keine Notiz. Um die Hinrichtung Jesu zu erwirken, überlieferte ihm Kaiphas Jesus als Aufwiegler zur Steuerverweigerung und Prätendenten der Königswürde (Lk. 23,2). Jesus war mehrfach als König begrüßt worden (Mk. 15,32; Lk. 19,38; Joh. 1,49), und als *Christos* ist er ein solcher (Mt. 2,2; 21,5; Lk. 1,33). Ein nicht vom Kaiser erhobener König, der ja stets die Militärhoheit beanspruchte, galt auf römischem Boden als Usurpator, der ein Majestätsverbrechen, ein *crimen laesae maiestatis* begangen und den Tod verdient hat.

Das nun folgende Todesdrama ist inszeniert. Einzelne Elemente sind längst als ungeschichtlich erkannt. Dazu zählen die geradezu verzweifelten Versuche des Präfekten, die Hinrichtung abzuwenden. Hätte dafür nicht ein Wort genügt? Stattdessen läßt sich der Oberbefehlshaber der gesamten Streitmacht im Lande verängstigt auf eine Diskussion mit aufgeputschten Demonstranten ein und unterwirft sich gegen seine Überzeugung ihrer Forderung, einen Harmlosen zu kreuzigen. Schon die sprachliche Voraussetzung ist nicht gegeben. Die Sprache der Juden, das Aramäische, beherrscht Pilatus lediglich in dem Film ‹The Passion of Christ› von Mel Gibson aus dem Jahre 2005. Pilatus sprach Latein und verstand vermutlich das Griechische.

Gemäß Lukas (23,6 ff) suchte Pilatus noch nach dem Bekenntnis Jesu, König der Juden zu sein, eine Verurteilung des in seinen Augen Schuldlosen zu vermeiden, indem er ihn als Galiläer seinem Landesherrn Herodes Antipas überstellte, der damals zum Fest in Jerusalem gewesen sein könnte. Antipas aber sandte Jesus zurück, woher die Redensart stammt, «Jemanden von Pontius zu Pilatus schicken». Pilatus war nicht genötigt, darauf Rücksicht zu nehmen, daß Jesus kein Angehöriger seiner Provinz, sondern landfremd war. Weder Festus in Caesarea noch Gallio in Korinth nahmen Anstoß daran, daß der ihnen vorgeführte Paulus aus Kilikien stammte. Schon damals galt nicht das *forum domicilii*, sondern das *forum delicti*, was in den

Digesten kodifiziert wurde: «Der Statthalter hat in seiner Provinz die Blutgewalt auch gegenüber Auswärtigen, wenn sie etwas Böses begangen haben.» Für die Frage der Geschichtlichkeit der Episode ergibt diese Bestimmung nichts, denn es wäre ja nicht auszuschließen, daß Pilatus, wie Lukas schreibt, eine diplomatische Geste bezweckte, um die Freundschaft des Fürsten zu gewinnen oder wiederzugewinnen. Suchen wir nach einem Grund für die Entzweiung, so ließe sich an die Beschwerde über die Ehrenschilde beim Kaiser denken oder an die im Tempel getöteten Galiläer (S. 59).

Das spätere gute Einvernehmen der beiden wird man als Tatsache werten dürfen, den Grund, die Überstellung Jesu hingegen schwerlich. Allzugut fügt sich die Geschichte in die Tendenz der Evangelisten, die Passionserzählung durch verzögernde Momente zu verlängern und durch dramatische Zusätze aufzuwerten. Über das behauptete Geschehen bei Antipas besaß Lukas keine Information. Das trotzige Schweigen Jesu und seine Verspottung hat er von Markus übernommen, die ganze Szenerie erfüllt ein prophetisches Psalmwort (2,2). Lukas gewinnt in Antipas einen weiteren Zeugen für die Unschuld Jesu, worauf sich sein Pilatus dann beruft (23,25). Dieser selbst erscheint einmal mehr als Zauderer. All das läßt an der Geschichtlichkeit der Episode zweifeln.

Unhistorisch ist ebenso die Osteramnestie der Barabbas-Episode (Mk. 15,6 f; Mt. 27,15; Joh. 18,39). Die römische Verwaltungs- und Rechtsgeschichte kennt kein Beispiel für die Gewohnheit eines Statthalters, anläßlich eines Festes oder auch sonst auf die Forderung des Straßenvolks hin einen Schwerverbrecher freizugeben. Dabei war Jesus noch gar nicht überführt, nicht verurteilt, ja in den Augen des Richters ohnedies unschuldig, obwohl er sich bereits vor ihm als «König» bekannt hatte (Joh. 18,37 f). Eine Amnestie hatte Caligula bei seinem Regierungsantritt in Rom verkündet – stand sie Pate?

Trotz dieser Bedenken müssen wir den Massenauftritt vor dem Prätorium, die wohlbekannte jüdische *turba* nicht schlechterdings verwerfen. Eine Lösung bot Horace Abram Rigg junior 1945. Er identifizierte den «Räuber» Barabbas mit Jesus. Die

Quellen, zumal Josephus, kennen keinen «berühmten» Barabbas (Mt. 27,16), keinen von ihm angeblich angezettelten blutigen Aufstand. Sein damals völlig ungebräuchlicher Name bedeutet «Sohn des Vaters», so wie Jesus sich im Hinblick auf seinen Vater im Himmel bezeichnete. Den vollen Namen bietet eine offenbar ältere Nebenlesart zu Matthäus (27,16) mit «Jesus Barabbas». Daß hier der irritierende Namensteil «Jesus» später unterdrückt wurde, ist verständlich; daß er hinzugefügt worden sein soll, wäre unerklärlich. Aufgrund dieser Koinzidenzen sah Joseph Ratzinger in Barabbas einen «Doppelgänger» Jesu. Eine zweite Person hat die christliche Überlieferung aus ihm gemacht und die Stimmung der Menge gegen Jesus gekehrt. Die Forderung ging demnach nicht auf Kreuzigung, sondern auf Freilassung Jesu. Die Massenproteste der Juden, auch die unter Pilatus, richteten sich regelmäßig *gegen* Maßnahmen der Obrigkeit und zielten auf Unterlassung, nie auf Durchführung.

Während Bultmann mit dem kleineren Teil der Forschung die Barabbas-Episode als ganze in die Legende verwies, der größere Teil jedoch sie als historisch hinnimmt, zeigt Rigg einen Mittelweg. Die von ihm vorgeschlagene Korrektur der Tradition läßt einen historischen Kern erkennen. Er wurde in der Überlieferung dramatisch um- und ausgestaltet, um die Schuld am Tode Jesu vom Hohen Rat auf das ganze Volk der Juden auszudehnen und um dem zögerlich-ängstlichen Pilatus einen weiteren Rettungsversuch anzudichten. Er hätte Jesus ja so gerne freigelassen (Apg. 3,13)! Das ist nicht glaubhaft. Der nur mühsam erklärbare Meinungsumschwung der Bevölkerung von «Hosianna!» zu «Kreuzige ihn!» erübrigt sich und steht zudem im Widerspruch zu dem «vielen Volk», das Jesus klagend nach Golgatha folgte (Lk. 23,27). So bewahrt die Barabbas-Episode, ins Gegenteil verkehrt, die Erinnerung an ein Freilassungsbegehren seiner Anhänger.

Sicher fiktiv ist die in die Barabbas-Amnestie eingeflochtene warnende Botschaft der Frau des Pilatus. Ihre Anwesenheit ist unbedenklich, da der Senat im Jahre 20 den Statthaltern die Mitnahme der Ehefrau erlaubt hatte. Aber die Warnung an Pilatus ist Legende. «Habe du nichts zu schaffen mit diesem Gerechten, denn ich habe heute im Traum seinetwegen viel gelitten» (Mt. 27,19). Dies bezweckt wiederum die Verzögerung des Urteils, aber stellt theologisch ein Problem dar. Denn alle sonst in der Bibel erwähnten Träume kommen von Gott; und daher ist es ein Zeichen von Frömmigkeit und dient dem eigenen Heil, wenn man ihnen folgt. Hätte jedoch Pilatus auf den Warntraum seiner Frau gehört und Jesus begnadigt, so hätte er Gottes Heilsplan zerstört. Darum erklärten Kirchenväter wie Ignatius den Traum für eine Eingebung des Teufels, so wieder der um 800 in Fulda lehrende Hrabanus Maurus: Der Teufel wollte erreichen, daß er nicht durch den Tod Jesu selbst das Reich des Todes verlöre. Schließlich hat auch Martin Luther diese Deutung vertreten. In einer seiner Tischreden sucht der Teufel durch den Traum die Kreuzigung zu hindern in der Hoffnung, Jesus doch noch einmal mit Erfolg in «Tentation», in Versuchung zu führen. «Er hatte hohe Gedanken; denn die Teufel sind gelehrt.»

Schließlich müssen wir auch die letzte Handlung des Pilatus vor seinem Urteilsspruch als literarische Zutat erkennen: Die Beteuerung seiner Lauterkeit, indem er seine Hände in Unschuld wusch. Matthäus (27,24) beschreibt hier als wirkliche Handlung, was wir aus dem Alten Testament als Vorschrift kennen. Dort heißt es: Nach einem Mord von unbekannter Hand sollen die Ältesten ihre Hände über einer geopferten Kuh waschen und sagen: «Unsere Hände haben dies Blut nicht vergossen» (5. Mose 21,6). Aus diesem Ritus wurde eine Metapher. Im 26. Psalm (Vers 6) singt David: «Ich wasche meine Hände in Unschuld und halte mich, HErr, zu deinem Altar», und Asaph dichtet im 73. Psalm (Vers 13): «Soll es denn umsonst sein, daß ich mein Herz rein hielt und meine Hände in Unschuld wasche?» Diese Metapher verwandelt Johannes in eine Handlung. Niemand wird glauben, daß der Präfekt in Gewissensnot über die Hinrichtung eines Unschuldigen (Mt. 27,19) eine altbiblische Geste vollzog. Der ursprüngliche Sinn der symbolisch gemeinten Waschung war – ähnlich wie bei der Taufe – eine rituelle Reinigung, hier die der möglicherweise befleckten Hände vor dem Gebet. Es handelt sich um eine Anerkennung der eigenen Sündhaftigkeit, es ist keine demonstrative Beteuerung der eigenen Schuldlosigkeit wie bei Pilatus.

Stärkste Bedenken richten sich sodann gegen die Gespräche zwischen Pilatus und Jesus. Sie zeigen in der Abfolge der Evangelisten die übliche Klimax. Bei Markus (15,2 f) und Matthäus (27,11 ff) fragt Pilatus Jesus zweimal in Anwesenheit der Hohen Priester, ob er König der Juden sei. Bei Lukas (23,1 ff) kommen ausführliche Beschuldigungen der Juden hinzu, sodann die Episode mit Antipas sowie eine dreimalige Unschuldserklärung des Landpflegers. Johannes (18,28 ff) bereichert die Szene um Wechselreden des Pilatus mit den Juden und um ein philosophisches Gespräch mit Jesus hinter verschlossenen Türen über das Problem: Was ist Wahrheit?

Die Gegenüberstellung der Exponenten zweier Welten war von hohem literarischem Reiz, sie diente der Kennzeichnung der unvereinbaren Positionen, die dennoch beide in die göttliche Ordnung der Menschendinge gehören. Ähnliche Begegnungen fingiert die antike Literatur zwischen dem weisen Solon und dem reichen Krösus, zwischen Alexander dem Großen und dem todwunden Darius, zwischen dem Kaiser Domitian und dem Wundermann Apollonius von Tyana. In unserem Falle kommt ein theologisches Interesse ins Spiel: das erwünschte Messiasbekenntnis Jesu. Nachdem er sich gemäß der Tradition vor den jüdischen Behörden offenbart hat, bekräftigt er dies nun gegenüber dem römischen Machthaber. Wie wichtig dieses angebliche Selbstzeugnis für den Messiasglauben der Gemeinde war, ersehen wir aus dem ersten pseudopaulinischen Brief an Timotheus in Ephesus (6,13). Die Szene im Richthaus beseitigte die letzten Zweifel der frühen Gemeinde an der Messianität Jesu durch das Wort aus dessen eigenem Munde. Zu diesem Behufe mußte der biblische Pilatus den Menschensohn auf den Kopf zu fragen: «Bist du der Juden König?»

Die Antwort «Du sagst es» (*sy legeis,* Mk. 15,2) ist ein klares «Ja». Gelegentliche Umdeutungen neuerer Theologen in «Das sagst Du!» sind philologisch unhaltbar (gleichbedeutend *sy eipas,* Mt. 26,25), sie stehen zudem im Widerspruch zum Kontext und zum Zeugnis Jesu bei Johannes (18,37). «Gewiß bin ich ein König.» Daß sich Jesu Königtum nicht auf «diese Welt», nicht auf den gegenwärtigen, alten Aion bezieht, sondern auf den neuen, auf das anbrechende Gottesreich, entspricht der Messiasidee der Gemeinde und mußte von einem Römer nicht verstanden werden.

Die Frage des Pilatus «Bist du der Juden König?» gehört in die Reihe seiner angeblichen Versuche, dem schuldlos Vorgeführten eine Chance zu geben. Der biblische Jesus hat sie erfolgreich genutzt. Er bekannte sich zu seinem Königtum in einer Form, die in den Augen seines Richters die Unschuld bewies. Mithin konnte eine Hinrichtung nur erfolgen, indem Pilatus die Kreuzigung den Juden überließ, so wie die Bibel es sagt. Da dies aber unhistorisch ist, kann die Verteidigung Jesu gegenüber Pilatus nicht erfolgreich gewesen sein – so sie denn überhaupt stattgefunden hat. Wenn die Frage des Landpflegers die Schuldfrage hätte klären sollen, so wäre sie paradox. Denn Jesus hätte den Vorwurf der jüdischen Oberen, Aufruhr und Steuerverweigerung zu predigen, entkräftet und sein Leben gerettet, indem er auf sein Wort vom Zinsgroschen (Mk. 12,13 ff) verwiesen hätte. Oder ist dies nachösterliche Apologetik? Aber welcher Richter überläßt einem Beklagten selbst die Entscheidung über Leben und Tod? Die Frage des Pilatus bedeutet: «Willst du gekreuzigt werden?», und die Antwort Jesu heißt: «Ja, ich nehme das in Kauf.» Dies entspricht nicht dem, was als Wort und Wille eines jungen Mannes glaubhaft ist, sondern dem zentralen Dogma des christlichen Glaubens, der paulinischen Theologie von der freiwilligen Selbsthingabe des Erlösers, der ja ohnehin weiß, daß er am dritten Tage auferstehen und dann gen Himmel fahren wird. Der historische Jesus hingegen hatte keine Chance, sich so einfach von der Anklage zu reinigen, der biblische benötigte sie nicht, da sein Opfertod heilsgeschichtlich festgelegt war. Das Dogma vom Selbstopfer erfüllt eine Prophezeiung Deutero-Jesajas (52,13 ff; 53,1 ff) über den «Knecht Gottes» und entstand erst, nachdem der Verkündiger zum Verkündigten geworden war.

Für die Unterredung zwischen Pilatus und Jesus und für dessen im Sinne der Gemeinde unentbehrliches Selbstzeugnis hat den Evangelisten keine authentische Quelle vorgelegen. Wir lesen von keinem Dolmetscher, keinem Protokollanten, nichts von Prozeßakten aus dem Statthalterarchiv. So wie das Verhör vor dem Hohen Rat fand das angebliche Gespräch im Richthaus unter vier Augen statt (Joh. 18,33; 19,9). Die Evangelisten konnten auch von dessen Wortlaut nichts wissen, wie schon David Friedrich Strauß 1836 anmerkt. Er verweist ironisch als mögliche Quellen auf Plaudereien des Auferstandenen oder die von den Evangelisten studierten ‹Memoiren› des Pilatus, die wir uns wünschten. Ob eine Unterredung unbekannten Inhalts stattgefunden hat, bleibt offen. Wenn nicht, wäre sie um des Messiasbekenntnisses willen, so wie sie dasteht, erfunden worden. Die Berichte der Evangelisten sind hier so wundersam wie die über die Vorzeichen und sonstigen übernatürlichen Randerscheinungen des Passionsgeschehens.

Die Details beruhen vielfach auf Vorgaben aus dem Alten Testament. Die Verlosung der Kleider wurde nach Psalm 22,19 eingefügt, die Verspottung nach Psalm 22,8, die Essigtränkung nach Psalm 69,22, der letzte Ausruf nach Psalm 22,2. Bei Markus schreit Jesus noch einmal wortlos, Lukas und Johannes bieten Worte. Die beidseitig angeordneten Schächer sind bei Markus ungläubig, ehe sie nach gut und böse differenziert werden und Namen erhalten (Lk. 23,39 ff). In einer Textvariante zu Matthäus (27,38) heißen sie Zoathan und Chammata. Mehrfach haben anonyme biblische Gestalten in der Legende Namen erhalten, so die «drei» Weisen aus dem Morgenlande, der von «Petrus» am Ohr getroffene Knecht, die Frau des Pilatus, die «drei» um das Gewand würfelnden Soldaten und der Knecht, der die Seite des Gekreuzigten öffnete.

Unbedenklich ist die überlieferte Geißelung, die bei Markus (15,1) noch korrekt als Teil der Todesstrafe erscheint und nicht wie bei Johannes (19,5) in der Ecce-Homo-Szene unhistorisch als von Pilatus gedachter weiterer Rettungsversuch. Üblich war zudem die Entkleidung des Todeskandidaten, und Parallelen kennen wir zur Kreuztragung und zur Tafel am Kreuz (*titulus*), die das Verbrechen verkündete. Sie trägt bei Markus (15,26) die kurze Inschrift HO BASILEUS TŌN IOUDAIŌN, «Der König der

Juden» und wurde bis zu Johannes (19,19) dreimal erweitert. Zuletzt verkündet sie Namen, Herkunft und Delikt des Gerichteten in einer Trilingue auf «Hebräisch, Latein und Griechisch». Dies ist als Zeugnis für die Mehrsprachigkeit in Jerusalem verwertbar, nicht aber für den authentischen Text der Tafel, den Markus bietet. Auf der Tafel verkündet der historische Pilatus die Schuld des Gerichteten, an die der biblische Pilatus nicht geglaubt hat.

Ungeschichtlich ist ebenso der Einspruch der Hohen Priester gegen den Text des *titulus*. Gemäß Johannes (19,22) forderten sie von Pilatus, er möge schreiben, Jesus habe behauptet, er sei der König der Juden, der er doch nicht gewesen sei. Das hier vorausgesetzte Messiasbekenntnis vor dem Synhedrion ist nachösterlich. Die Forderung der Priester wiederholt den Schrei aus der Barabbas-Episode «Wir haben keinen König», und der Weg einer Überlieferung des Gesuchs ist nicht gut vorstellbar. Treffend formuliert aber ist das stolze Wort des Statthalters: «Was ich geschrieben habe, das habe ich geschrieben», *quod scripsi, scripsi*. Der Johannes-Evangelist kennzeichnet den Römer.

Kreuzigung war nach römischem Recht eine verschärfte Todesstrafe für Männer niederen Standes. Sie stammt aus dem Orient, wurde von den Persern und dann von den Karthagern angewandt. Von dort kam sie nach Rom, hier ist sie zuerst im Jahre 217 v. Chr. bezeugt. Massenweise wurde sie gegen Anhänger des Spartacus verhängt; die Hasmonäer praktizierten sie auch in Judäa. In großer Zahl kreuzigten die Römer jüdische Empörer im Zusammenhang mit messianischen Bewegungen bis zur Eroberung Jerusalems. Einzelne Fälle sind noch nach, ja durch Constantin bezeugt, obschon er selbst Kreuzigung im Jahre 320 verboten haben soll.

In seinem von Philo überlieferten Brief an Caligula bezichtigt Herodes Agrippa I den Pilatus «fortgesetzter Hinrichtungen ohne Gerichtsverfahren» (*akritous kai epallêlous phonous*). Trifft das nicht auch auf Jesus zu? Von einem formgerechten Strafprozeß nach römischem Recht kann keine Rede sein, und ein solcher war auch nicht zu erwarten, wenn wir bedenken, wie Römer mit Rebellen, zumal im Osten, umgegangen sind.

Mit ihnen wurde vor und nach Jesus nicht viel Federlesens gemacht. Hatte doch erst 4 v. Chr. Quinctilius Varus gemäß Josephus zweitausend Juden in Jerusalem kreuzigen lassen – gewiß ohne Einzelfallprüfung. Für ein vollständiges Verfahren fehlen die Klageschrift (*libellus inscriptionis*), der Verteidiger, die Berater (das *consilium*), der Protokollant, die Eintragung in die Akten (das *instrumentum provinciae*) und die Urteilsverkündung. Was bleibt, ist der *titulus*, denn die erhöhte Richterbühne (*bêma*, lateinisch *tribunal*) war ein Requisit bei der unhistorischen Diskussion vor dem Prätorium (Joh. 19,13).

Pilatus hat die Anzeige durch die jüdische Geistlichkeit als Beweis gewertet. Als Polizeimaßnahme nach Kriegsrecht (*coercitio*) hat er ohne weiteres die Exekution verfügt. Sie lag in seinem Ermessensbereich und war gedeckt durch die *Lex Julia maiestatis* aus dem Jahre 46 v. Chr. Seit Tiberius stand auf Hochverrat die Todesstrafe. Spätere Ausführungsbestimmungen in den Sentenzen des Juristen Julius Paulus lauten: «Wer einen Tumult erregt und das Volk verhetzt, wird, je nach Personenstand, gekreuzigt, den Zirkusbestien vorgeworfen oder auf eine Insel verbannt.» Näherhin heißt es: «Wer eine neue Sekte oder eine unvernünftige Religion einführt und dadurch allgemeine Unruhe erregt, wird verbannt, wenn er zu den Standespersonen gehört, oder hingerichtet, wenn dies nicht der Fall ist.»

Die heiß umstrittene Frage nach der Schuld am Tode Jesu geht aus von der Annahme seiner Unschuld. Dies fordert die christliche Dogmatik, denn anderenfalls wäre sein Ende kein Opfertod. Es gibt aber auch andere Perspektiven. Nach jüdischem Sakralrecht war die Todesstrafe fällig (S. 72). Die Schuldzuweisung an die Juden bei den Evangelisten und gemäß diesen durch Jesus selbst (Joh. 19,11) ist immerhin insoweit begründet, als das Interesse an seiner Beseitigung und die Initiative zu seiner Verhaftung auf jüdischer Seite lag. Daß Pilatus den als Aufrührer verleumdeten Jesus den Juden zur Kreuzigung überlassen habe, wie Lukas (23,25) und Johannes (19,16) schreiben, wird durch die Rechtslage und durch das Zeugnis von Markus und Matthäus widerlegt. Die Hinrichtung wurde von einem römischen Offizier, einem Centurio (Mk. 15,39) mit seiner Mannschaft (Mt. 27,54) durchgeführt und überwacht, der Tod durch einen Soldaten festgestellt (Joh. 19,34). Die Beschuldigung der unbelehrbar verstockten Juden lag schon Paulus vor (1. Thess. 2,14 ff) und entspricht der Verfolgung der Jesusanhänger durch die jüdische Orthodoxie, lange bevor die Christenverfolgung durch die Römer einsetzt.

Der so schrecklich folgenreiche Vorwurf des «Gottesmords» der Juden ist insofern absurd, als es ohne ihn keine Christen, keine Erlösung der Menschheit gegeben hätte. Wer indessen «die Christen» beschuldigt, die Juden pauschal mit dem Justizmord belastet zu haben, der pauschaliert seinerseits. Aus jüdischer Sicht starb Jesus zu Recht. Der babylonische Talmud erzählt, wie Peter Schäfer 2007 gezeigt hat, daß Jesus am Abend vor Passah sach- und formgerecht nach jüdischem Gesetz gesteinigt und dann gehängt worden sei, weil er Israel zum Götzendienst verführt und Zauberei betrieben habe. Jesus habe der Regierung nahegestanden; das bezieht sich auf die Sympathie des Pilatus für ihn gemäß den Evangelisten, die dieser rabbinischen Tradition zugrunde liegen. Pilatus wird entlastet, die Juden selbst haben den frechen Gotteslästerer gerichtet. Er kam, wie es heißt, gemeinsam mit Bileam, der Israel verfluchen wollte, und Titus, der den Tempel zerstörte, in die Hölle, wo er in alle Ewigkeit in kochenden Exkrementen sitzend bestraft wird.

Nach römischem Recht hängt die Schuldfrage am Tatbestand, ist keine *quaestio iuris*, sondern eine *quaestio facti*. Falls sich Jesus vor Pilatus als König bezeichnet haben sollte, hätte er sich damit selbst verurteilt. Das aber ist Kultlegende; danach vollzog Pilatus, was Jesus von Gott erbat: «Dein Wille geschehe.» Realistisch betrachtet, reichen die überlieferten Indizien für eine geplante Volkserhebung gegen Rom nicht aus. Der Hosiannagruß beim Einzug Jesu in Jerusalem und seine gelegentlichen Aufrufe zur Gewalt hatten keine Folgen so wie bei anderen messianischen «Räuberkönigen». Blut floß nur in Gethsemane, und die zwölf Legionen Engel wurden von Jesus nicht zum Einsatz gebracht (Mt. 26,53).

Pilatus hätte Jesus durchaus als harmlos einstufen und laufen lassen können. Wenn die Evangelien ihm unterstellen, daß er

Jesus bis zuletzt für schuldlos hielt, ist das gedeckt durch die Sachlage, soweit dies die Evangelien erkennen lassen. Schließlich hat Pilatus auch die Jünger nicht verfolgt und die Gemeinde in Jerusalem geduldet. Wenn er dennoch Jesus hat hinrichten lassen, so beugte er sich nicht der jüdischen Drohung «Dann bist du des Kaisers Freund nicht mehr» (S. 60), sondern vollzog ein schwach begründetes, politisch motiviertes Gefälligkeitsurteil gegenüber Kaiphas. Kaum zufällig wurden beide zugleich im Jahre 37 von Vitellius gestürzt. Stets hat die römische Provinzialverwaltung sich mit der einheimischen Oberschicht gutgestellt. In jedem Falle ist die Formulierung im Glaubensbekenntnis «gekreuzigt unter Pontius Pilatus» ungenau. Es muß heißen: «gekreuzigt durch Pontius Pilatus».

Als letzte Tat des Statthalters berichten die Evangelisten, daß er den Leichnam dem Josef von Arimathaia, d. h. «aus Rama», zur Bestattung überlassen habe (Mk. 15,42 ff). Dazu gibt es Vergleichsbeispiele. Alles Weitere führt dann ins Legendäre. Dazu gehört die sorgsame Verschließung des Felsgrabes und dessen Bewachung, die Pilatus auf Bitten der Hohen Priester angeordnet haben soll (Mt. 27,65). Denn dies geschah im Hinblick auf die erwartete heimliche Entfernung der Leiche durch die Jünger zum Beweis der angeblich vorhergesagten Auferstehung. Sie wurde zum Angelpunkt der Theologie bei Paulus. Er benennt ihm persönlich bekannte Augenzeugen, die den Auferstandenen vor seiner Himmelfahrt gesehen haben wollen, darunter Petrus und Jakobus Justus (1. Kor. 15,5 ff).

Berichte über geheimnisvoll aus ihrem Grab verschwundene Leichen und über Begegnungen mit prominenten Toten kennt die antike Literatur auch sonst. Plutarch liefert eine Liste am Ende seiner Romulus-Vita; Cassius Dio erwähnt einen Senator, der beschwor, die Himmelfahrt des Augustus beobachtet zu haben, was die Kaiserin mit einer Million Sesterzen honorierte. Und Lukian erzählt, wie das von ihm selbst in die Welt gesetzte Gerücht von der Himmelfahrt des Wundermannes Peregrinus Proteus durch angebliche Augenzeugen bestätigt wurde. Dem Paulus wurde – eher glaubhaft – die Erscheinung Jesu beim Sturz vor Damaskus zuteil (Apg. 9,1 ff).

Da es sich bei Auferstehung und Himmelfahrt (Apg. 1,4 ff) um Kultlegenden handelt, steht für den Historiker außer Frage, daß die Gebeine Jesu unerkannt und unerkennbar noch heute irgendwo in der Nähe Jerusalems im Boden ruhen, sofern sie nicht von Pilgern gefunden und einem Märtyrer zugewiesen wurden, so daß sie, nach Europa gebracht, in irgendeinem Reliquiar noch heute unbewußt, aber nicht unverdient verehrt werden.

6. Was ist Wahrheit?

Wer einen Text wie das Neue Testament nur nach seinen historisch verläßlichen Aussagen befragt, der faßt nur das Gerippe eines lebendigen Ganzen, tragend, aber tot. Der lebendige Geist erschließt sich erst durch unbefangenes Hinhören auf die Botschaft. Sie gilt grundlegenden Daseinsfragen, die hier nicht selten auf den Punkt gebracht sind.

So umspielt das Johannes-Evangelium den Begriff der Wahrheit. Während die Synoptiker das Wort vermeiden, ist es für Johannes von zentraler Bedeutung. Es erscheint an 18 Stellen in unterschiedlichem Sinn. Das griechische Wort *alêheia* heißt eigentlich «Unverborgenheit» und nähert sich damit dem Begriff «Offenbarung», der an höhere Sphären rührt. Wahrheit hat bei Johannes einen umfassenden Sinn, ist so etwas wie göttliche Ordnung, durch Gnade vermittelt, durch Glaube vollzogen. Jesus verkündet und verkörpert sie. Er antwortet Pilatus: «Ich bin ein König. Ich bin dazu geboren und in die Welt gekommen, um die Wahrheit zu bezeugen. Wer aus der Wahrheit ist, der höret meine Stimme.» Wie sollte, wie konnte ein römischer Staatsbeamter das verstehen? Er war nicht «aus der Wahrheit», keiner aus der Zahl jener, die, auf Jesu Stimme hörend, zur Erlösung ausersehen waren. So steht auch der Teufel nicht «in der Wahrheit» (Joh. 8,44). Sein Unverständnis bekundet der Präfekt beim Johannes-Evangelisten mit der entwaffnenden Kardinalfrage an Jesus: «Was ist Wahrheit?»

Die Frage ist im gegebenen Zusammenhang ein Fremdkörper, ein Stein des Anstoßes, denn sie bleibt unbeantwortet im Raume stehen. Wo immer sonst bei Johannes Zweifel auftauchen, da werden sie behoben. Die Jünger, die Pharisäer, die Juden – alle erhalten ihre Antwort. Pilatus aber erhält keine Antwort. Ein anstößiger Befund. Dem Leser des Evangeliums (14,6) hat Jesus die Frage allerdings längst beantwortet: «Ich bin die Wahrheit.» Das Mittelalter fand den geheimen Sinn der Frage *Quid est veritas?* in dem Anagramm *Est vir, qui adest* – «Die Wahrheit ist der Mann hier».

Die Kirchenväter haben das offene Ende des Gesprächs mit der Ungeduld des Landpflegers erklärt, der hinausging, um den Juden eine Amnestie anzubieten, anstatt auf die Antwort Jesu zu warten. Dies tat noch Francis Bacon im ersten seiner ‹Essays› von 1612: *What is truth? said jesting Pilate and would not stay for an answer.* Im apokryphen Nikodemus-Evangelium aus dem 5. Jahrhundert wird sie gegeben; hier behält, wie es sein muß, Jesus das letzte Wort. Er sagt: «Die Wahrheit stammt vom Himmel.» Darauf Pilatus: «Gibt es auf Erden keine Wahrheit?» Jesus erwidert: «Du siehst doch, wie die, welche die Wahrheit sagen, von den irdischen Machthabern gerichtet werden.» Mithin ist Pilatus selber schuld, wenn er die Wahrheit nicht findet. Johannes erspart ihm diesen Vorwurf. Damit wird aus der Frage des Pilatus eine Aussage. Er will von Jesus gar nicht wissen, was Wahrheit ist, sondern stellt mit seiner ironisch-rhetorischen Frage eine Behauptung auf: «Was Wahrheit eigentlich ist, weiß niemand so genau, weder du als Jude noch ich als Römer.» Und damit hat er wohl in einem textübergreifenden Sinne recht. Der johanneische Pilatus steht mit seiner Frage außerhalb des Geistes der Heiligen Schrift. Der Römer verweist auf eine andere Welt, auf diese, unsere Welt.

Skepsis ist in der Bibel eine Untugend. So wie es in ihr keine Kritik an Überliefertem gibt und geben kann, wenn sie denn Gottes Wort ist, so wird in den Lehrbriefen der Zweifler zurechtgewiesen. Er ist unbeständig wie eine Meereswoge (Jak. 1,6). «Tut alles ohne Murren und Bedenken!», heißt es (Phil. 2,14), «zürnt nicht und räsonniert nicht!» (1. Tim. 2,8). Jesus vermahnt Petrus, der zu versinken fürchtet: «Kleingläubiger, warum hast du gezweifelt?» (Mt. 14,31). «Glaubt und zweifelt nicht!» (21,21). Der ungläubige Thomas darf sich zwar von der Identität des Auferstandenen handgreiflich überzeugen, erhält von Jesus aber den Verweis: «Selig ist, wer nicht sieht und doch glaubt» (Joh. 21,29). Der echte Glaube ist ein Kinderglaube (Mk. 10.15). Jesus fordert blindes Vertrauen. Wer es verweigert, fällt der Verdammnis anheim (1. Petr. 4,17).

In der griechisch-römischen Welt lautete die Antwort auf die Pilatusfrage: «Die Wahrheit ist eine Tochter der Zeit.» Bei Pindar, Sophokles und Gellius bedeutet dies: «Mit der Zeit kommt die Wahrheit ans Licht.» So sagt es auch Jesus: «Nichts ist verborgen, was nicht offenbar werde» (Mt. 10,26). Bei Johannes (16,13) erscheint der «Geist der Wahrheit» von oben mit der Ausgießung des Heiligen Geistes (14,26), im Denken der Antike hingegen von unten durch menschliche Bemühung. Da diese aber niemals abgeschlossen ist, bleibt stets eine Unsicherheit bestehen.

Die Skepsis des Landpflegers gemahnt an seinen Zeitgenossen Seneca: *Hoc unum certum est: nihil esse certi*, oder an den älteren Plinius, der dasselbe meint: Sicher ist allein, daß nichts sicher ist. Diese Haltung geht zurück auf den Skeptiker Pyrrhon von Elis um 300 v. Chr. Dessen fünftes Gebot lautet: «Das mit der Wahrheit in der Schwebe lassen!» Schon Sokrates bemerkte: «Ich weiß, daß ich nichts weiß.» Darum entschied das römische Recht pragmatisch. *Res iudicata pro veritate accipitur*, heißt es bei Ulpian, und dies meinte auch Pilatus. «Ist eine Sache gerichtlich entschieden, wird das als Wahrheit angenommen.» Die Wahrheitsfindung ist Aufgabe des Richters, sie bedarf einer Institution, einer Autorität. Der Präfekt urteilt im Namen des Kaisers, der Prophet predigt im Auftrag Gottes. Weltliche und geistliche Macht stehen einander gegenüber, in der Spannung zwischen ihnen vollzieht sich die Geschichte durch zweitausend Jahre.

Für Denker, die in Polaritäten philosophieren, gehört das johanneische Verhör von Jesus durch Pilatus zu den Schlüsselszenen der Geschichte, ähnlich der historischen Begegnung zwischen Platon und Dionys 388 v. Chr. in Syrakus, dem Zusammenstoß zwischen Thomas Becket und Heinrich II von England in Northampton 1164 und dem Auftritt Martin Luthers vor Karl V 1521 in Worms. Das Gegenüber von Geist und Macht war in der Passion ein Aufeinandertreffen von Glaube und Unglaube. «Das eigentliche, einzige und tiefste Thema der Welt- und Menschengeschichte, dem alle übrigen untergeordnet sind, bleibt der Konflikt des Unglaubens und des Glaubens», so Goethe in seinen Noten zum West-Östlichen Divan. Er ordnete die beiden Haltungen bestimmten, in diesem Falle sich überschneidenden Epochen zu, wobei er seine Sympathie dem Glauben als dem Positiven, dem Konstruktiven, dem Aufbauenden zuwandte.

Wenn Goethe von «Glauben» spricht, ist dies freilich nicht im christlichen Sinne gemeint. Das zeigt sein Konflikt mit Johann Caspar Lavater. Dieser war durch Johann Georg Hamann, den «Magus des Nordens» – er hatte in Königsberg den «Stern» gesehen –, dazu angeregt worden, sich mit Pilatus zu befassen. Metakritisch gegenüber dem «Purismus der Vernunft» hatte Hamann 1762 in seiner ‹Aesthetica in nuce› Pilatus zitiert, der Menschenwitz über die göttliche Wahrheit stellte: «Ja, ihr feinen Kunstrichter! fragt nur immer, was Wahrheit ist, und greift nach der Thür, weil ihr keine Antwort auf die Frage abwarten könnt – Eure Hände sind immer gewaschen, es sey, daß ihr Brodt essen wollt (Mt. 17,2), oder auch, wenn ihr Bluthurtheile gefällt habt – Fragt ihr nicht auch: wodurch ihr die Natur aus dem Wege räumt?»

Hamann hatte hier Pilatus als Symbol der Aufklärung angegriffen und damit, so Lavater, nur eine Seite dieser sinnträchtigen Gestalt erfaßt. Dies wollte dieser ändern. «Itzt ist Pontius Pilatus mein *Cheval de Bataille*», schrieb Lavater im August 1781 an Goethe. «Ach!, daß du bey mir wärest! Ich finde alles, Himmel und Erde und Hölle, Tugend, Laster, Weisheit, Thorheit, Schicksal, Freyheit – in Ihm –, Symbol von allem an alles.» In seinem vierbändigen Epos aus den Jahren 1782 bis 1785 ‹Pontius Pilatus oder der Mensch in allen Gestalten oder Höhe und Tiefe der Menschheit oder die Bibel im Kleinen und der

Mensch im Großen oder ein Universal Ecce Homo oder Alles in Einem› entwickelte Lavater in Dialogen das Verhältnis zwischen Vernunft und Offenbarung, wobei er Pilatus in der Ecce-Homo-Szene die Einsicht in die Menschwerdung Gottes zutraute.

Dagegen grenzte sich Goethe ab. Am 29. Juli 1782 antwortete er dem «Propheten» Lavater: «Da ich zwar kein Widerkrist, kein Unkrist, aber doch ein dezidirter Nichtkrist binn, so haben mir dein ‹Pilatus› und so weiter widrige Eindrücke gemacht, weil du dich gar zu ungebärdig gegen den alten Gott und seine Kinder stellst.» Goethe fühlte die Versuchung, Lavaters ‹Pilatus› zu parodieren, und das wies auf den Bruch ihrer Freundschaft voraus.

Goethe wahrte gegenüber der Pilatusfrage eine zweideutige Haltung. Er reimte Teufel auf Zweifel – nicht nur wie Morgensterns Wiesel. Über den Sinn der Skepsis äußerte er sich mal so und mal anders. Dem Kanzler von Müller bekannte er am 15. April 1819: «Es ist besser, du glaubst an das Falsche, als du zweifelst am Wahren» und schloß an: «Alle Geschichte ist mißlich», eben weil sie unsicher bleibe. Dies bestätigte ihm der Jenenser Historiker Heinrich Luden 1823: «Fichte beantwortete die Frage des Pilatus: Was ist Wahrheit? einmal mit folgenden Worten: Wahrheit ist, was notwendig so gedacht werden muß, wie es gedacht ist.» Da die Geschichte nun auch kontrafaktisch gedacht werden kann, stünde es schlecht um ihre Wahrheit, es sei denn, wir übernähmen Goethes Antwort an Luden: «Also hat jeder seine eigene Wahrheit.» Dies meinte jedenfalls auch Pilatus im Gegensatz zu Jesus bei Johannes. Der Historiker wird keine der beiden Positionen stützen, dafür bescheiden und bestimmt hinzufügen, *historische* Wahrheit gibt es nur eine.

Pilatus als Ikone der Aufklärung diente deren Gegnern als Zielscheibe, deren Anhängern als Schützenhilfe. Hegel, der im Christentum, bildlich verschlüsselt, seine eigene Philosophie erkannte und diese wiederum als begrifflich bewußt gewordenes Christentum verstand, verfocht den durch Jesus vertretenen absoluten Geist gegen den dekadenten Weltmenschen, der die Philosophie hinter sich glaubt, «in welchem Sinne Pilatus, als

Christus sagte: ‹Ich bin gekommen in die Welt, die Wahrheit zu verkünden›, erwiderte: ‹Was ist Wahrheit?› Das ist vornehm gesprochen und heißt soviel: ‹Diese Bestimmung von Wahrheit ist ein Abgemachtes, mit dem wir fertig sind. Wir sind weiter, wissen: Wahrheit zu erkennen, davon kann nicht mehr die Rede sein. Wir sind darüber hinaus.» In seinem Kampf gegen die «Plattheit und Seichtigkeit des Wissens» der Aufklärung, die der Leugnung der ewigen Wahrheit «ein gutes Gewissen gemacht» habe, heißt es bereits in Hegels Berliner Antrittsvorlesung vom 22. Oktober 1818: «Sie sind soweit gekommen als Pilatus, der römische Proconsul; wie er Christus das Wort Wahrheit nennen hörte, erwiderte er dies mit der Frage: Was ist Wahrheit? in dem Sinne als einer, der mit solchem Worte fertig sei und wisse, daß es keine Erkenntnis der Wahrheit gebe. So ist das, was von jeher für das Schmählichste und Unwürdigste gegolten hat, der Erkenntnis der Wahrheit zu entsagen, von unseren Zeiten zum höchsten Triumph des Geistes erhoben worden.»

Der Verzicht auf Wahrheit wäre in der Tat unentschuldbar, wenn sie denn zuvor erreichbar wäre – und dies ist dann doch letztlich eine Glaubensfrage, die Hegel ebenso entschlossen bejaht, wie Nietzsche sie verneint. Dem Römertum so entschieden zugetan wie der Jesusreligion abgewandt, schreibt er: «Es wird erzählt, daß der berühmte Stifter des Christentums vor Pilatus sagte ‹Ich bin die Wahrheit›; die Antwort des Römers darauf ist Roms würdig: als die größte Urbanität aller Zeiten.» Nietzsche, der sich als Vollender der Aufklärung sah, indem er die Via Dolorosa der intellektuellen Redlichkeit bis zur Selbstentblößung, zur Selbstkreuzigung zu Ende ging, er nahm Pilatus in Schutz gegen seinen Mißbrauch als «Advokaten Christi», der die Wahrheit dahingestellt sein ließ, dadurch den Glauben propagierte und das Kreuz auf der Ignoranz errichtete. Am klarsten zuletzt 1888 im ‹Antichrist›: «Habe ich noch zu sagen, daß im ganzen Neuen Testament bloß eine einzige Figur vorkommt, die man ehren muß? Pilatus, der römische Statthalter. Einen Judenhandel ernst zu nehmen – dazu überredet er sich nicht.» Und dann in gleißendem Zynismus die Karikatur eines Herrenmenschen: «Ein Jude mehr oder weniger – was liegt daran? ....

Der vornehme Hohn eines Römers, vor dem ein unverschämter Mißbrauch mit dem Wort «Wahrheit» getrieben wird, hat das Neue Testament mit dem einzigen Wort bereichert, das Wert hat – das seine Kritik, seine Vernichtung selbst ist: was ist Wahrheit?» Der Johannes-Evangelist, der die Göttlichkeit Jesu kündet, untergräbt sie für Nietzsche mit diesem Wort.

Nietzsches «kluger Affe» Oswald Spengler, so Thomas Mann am 5. Dezember 1922, deutete die Pilatusfrage noch in anderer Weise. «Als Jesus aber vor Pilatus geführt wurde, da traten sich die Welt der Tatsachen und die der Wahrheiten unvermittelt und unversöhnlich gegenüber, in so erschreckender Deutlichkeit und Wucht der Symbolik wie in keiner zweiten Szene der gesamten Weltgeschichte.» Spengler sieht hier eine Konfrontation von – in seiner Diktion – Wachsein und Dasein, Wahrheit und Wirklichkeit, oder – konkret gesehen – von Geist und Macht, Religion und Politik. Er spricht von zwei Welten, zwischen denen es keine Brücke gibt. Und daß es keine Brücke gibt, dies zu zeigen, wäre dann der Sinn des verständnislosen Wortwechsels zwischen der Stimme aus dem Neuen und der aus dem Alten Aion. Die Kluft, die sich hier auftut, ist die permanente Eschatologie, der begriffliche Ort der Geschichte. Sie strömt zwischen diesen beiden Ufern dahin, nirgendwo so reißend, da sie sich nirgendwo so nahe gekommen sind.

Die Passionsberichte erinnern an ein mittelalterliches Simultangemälde. So wie dort zeitlich nacheinander erfolgte Begebenheiten räumlich nebeneinander dargestellt und zu einem künstlerischen Ganzen vereint sind, so verarbeiten die Evangelien tiefgründige Worte Jesu und literarische Motive unterschiedlicher Herkunft zu einem Panorama, das in historischer Absicht aufgelöst werden muß und aufgelöst werden kann, das als Zeugnis der Religions- und Geistesgeschichte jedoch nur unzerteilt zur Geltung kommt. Als Meisterwerke der Weltliteratur wollen die Passionsberichte als ganze gelesen und verstanden werden. Wie die Kriegsknechte über dem ungenähten Leibrock Jesu, der *tunica inconsutilis,* sprachen, so sollte es auch gegenüber dem Text heißen: Lasset uns den nicht zerteilen!

7. Pilatus-Legenden

Geschehen wird wahrgenommen, Geschichte wird gestaltet. Dies erfolgt gemäß den sprachlichen Ausdrucksmöglichkeiten, den Absichten des Sprechenden (oder Schreibenden) und den Erwartungen des Hörenden (oder Lesenden). Die damit ins Spiel kommenden An- und Absichten beschränken sich in der Regel nicht auf das Interesse an Erkenntnis, sondern verfolgen weitergehende Zwecke, die das Bild des Geschehens formgeschichtlich prägen und ihm Eindruckskraft verleihen. Wo dies dominiert, wird Geschichte zur Legende, zum Mythos. Die ungeheure Wirkung der biblischen Geschichten beruht auf der Mythisierung des ihnen zugrunde liegenden Geschehens, und dieser Vorgang des Aus- und Umgestaltens hat sich in der nachbiblischen Überlieferung fortgesetzt. Sie wurde von einer gewaltigen Masse an Erzählstoff überwuchert. Dies gilt nicht zuletzt für das Bild des Pilatus in der Nachwelt.

Die Legendenbildung zu Pilatus beherrscht zunächst die Tradition über sein Ende. Kunde haben wir darüber nicht. Nach Euseb hat er sich, in äußerste Bedrängnis geraten, unter Caligula das Leben genommen, nach Orosius hat ihn der Kaiser dazu genötigt. Gewiß tat es dieser, wenn überhaupt, dann nicht aus Sympathie zu den von Pilatus bedrückten Juden und Samaritanern. In seiner Chronik datiert Euseb den Selbstmord des verzweifelten Pilatus aufs Jahr 39 n. Chr. und bemerkt, daß dies «die römischen Historiker» erzählten. Schwerlich bezieht er sich auf das verstümmelt überlieferte fünfte Annalenbuch des Tacitus: Hätte dieser bei der Nennung des Pilatus im fünfzehnten nicht darauf verwiesen?

Die Tradition vom Selbstmord des Pilatus ist insofern verdächtig, als dies aus jüdisch-christlicher Sicht eine besonders verwerfliche Todesart ist. Euseb wie Orosius sehen darin die strafende Hand Gottes; und dies könnte das Motiv für eine Erfindung des gewaltsamen Endes sein. Biblischem Vergeltungsdenken zufolge ereilt die Feinde des Gottesvolkes stets die Strafe des Schicksals.

Vor Euseb weiß die kirchliche Tradition davon nichts. Der Christenfeind Kelsos unter Marc Aurel hatte darauf hingewiesen, daß ja die göttliche Rache den Pilatus verschont hätte, worauf Origenes in seiner Schrift gegen Kelsos nicht den – ihm offenbar unbekannten – Selbstmord des Landpflegers anführt, sondern statt dessen die Tatsache unterstreicht, daß die Juden schuldig seien, nicht Pilatus. Wie Sueton bezeugt, erließ Caligula zum Herrschaftsantritt überdies eine Amnestie. So heißt es: «Verbrechen, die aus der vorangegangenen Regierungszeit ungesühnt übrig geblieben waren, erfuhren sämtlich Begnadigung.» Mithin dürfen wir annehmen, daß Pilatus trotz der Anklage der Samaritaner unbehelligt geblieben ist. Dem Gerechtigkeitsempfinden Eusebs widersprach dies, darum wurde es – *pia fraus* – korrigiert.

Während Pilatus in der rabbinischen Überlieferung nirgends mit Namen erscheint, führt die christliche Legendenbildung den im Neuen Testament schon erkennbaren Wucherungsprozeß fort. Der von der Unschuld Jesu überzeugte Pilatus wird zunächst heimlicher, dann offener Christ und schließlich Märtyrer. Die pilatusfreundliche Tendenz, von Markus zu Johannes wachsend, setzt sich fort im apokryphen Petrus-Evangelium aus der Zeit um 150. Dort wird Jesus von den Juden gegeißelt, verspottet und auf Befehl des Herodes Antipas gekreuzigt. Pilatus läßt das Grab von seinem Centurio Petronius bewachen; Soldaten und die Ältesten der Juden werden zu Zeugen der Auferstehung. Pilatus erfährt das, erschrickt und beteuert: «Ich bin rein am Blute des Sohnes Gottes.» Die Erscheinung des Auferstandenen wird auf Wunsch der Ältesten durch Pilatus und seine Leute geheimgehalten. Die Pilatus-Tradition des Petrus-Evangeliums verbreitete sich bis in die Turfan-Oase im chinesischen Sinkiang, wo die von Sven Hedin angeregte preußische Forschungsexpedition sie 1902 in den heiligen Schriften der Manichäergemeinde des 8. Jahrhunderts entdeckte.

Zu den Motiven hinter den christlichen Pilatuslegenden tritt neben das Bestreben, den Statthalter auf Kosten der Juden zu entlasten, die Absicht, das Verfahren gemäß der römischen Prozeßordnung zu vervollständigen. Dazu gehören die phantasievoll nachgelieferten Verhandlungsprotokolle, die sogar die Wunder Jesu beglaubigten. Von solchen berichtet zuerst um 160 Justinus Martyr.

«Amtliche Dokumente» kennt sodann der nordafrikanische Kirchenvater Tertullian. In seinem Ende 197 verfaßten ‹Apologeticum›, einer an die Statthalter der Provinzen gerichteten Verteidigungsschrift für das Christentum, folgt einer kurzen Darstellung der Wunder und des Todes, der Auferstehung und der Himmelfahrt Jesu die Behauptung, Pilatus habe dies alles an Tiberius berichtet und sei selber bereits heimlich Christ geworden. Der Kaiser habe aufgrund der Berichte aus Palästina beim Senat beantragt, Jesus unter die Staatsgötter aufzunehmen. Der Senat jedoch habe das wegen unzureichender Beweislage abgelehnt. Tiberius sei bei seiner Ansicht geblieben und habe den Anklägern der Christen schwere Strafen angedroht. Der Kaiser wird, wie bei Philo zum Judenfreund, bei Tertullian zum Christenfreund.

Euseb übernahm diese Legende im frühen 4. Jahrhundert und erklärte die unterbliebene Apotheose Jesu durch Rom damit, daß dessen Göttlichkeit doch nicht von dem Wohlwollen des Senats abhinge. Folgenreich war ebenso die Deutung, die Euseb der jüdischen Geschichte in der Zeit nach Pilatus gab. Alle Verhängnisse, die Palästina heimsuchten, selbst der Konflikt mit den Standarten, der vor der Kreuzigung stattfand, sind für den Kirchenvater göttliche Strafen für den Frevel der Juden an Jesus – so schließlich auch die Zerstörung Jerusalems. Der Brief des Pilatus an Tiberius galt wie in der christlichen Spätantike so im Mittelalter als echt. Orosius zitiert und kommentiert ihn in seiner Weltgeschichte von 418, ebenso Gregor von Tours, der in seinem 591 abgeschlossenen Geschichtswerk Pilatus anachronistisch zum Manichäer macht.

Weniger wirksam als die christlichen Pilatus-Akten waren die heidnischen. Euseb berichtet, Maximinus Daia, der letzte Christenverfolger im Osten, habe, bevor ihn Licinius 313 besiegte, solche Pseudo-Dokumente fabrizieren und in seinem ganzen

Herrschaftsgebiet verbreiten lassen. Sie seien in den Städten angeschlagen und den Schullehrern ausgeteilt worden, damit sie den Kindern vorgetragen und von diesen auswendig gelernt würden. Was in diesen Akten gestanden haben soll, ist schwer zu erraten. Welche Verbrechen hat Pilatus Jesus vorgeworfen? Möglicherweise handelt es sich um den Befehl zu jenen Untaten, die man den Christen stets zur Last legte: geheime Ausschweifungen, Inzest und sakralen Kannibalismus entsprechend den Herrenworten bei Johannes (6,54 f): «Wer mein Fleisch isset und trinket mein Blut, der hat das ewige Leben, und ich werde ihn am Jüngsten Tag auferwecken. Denn mein Fleisch ist die rechte Speise, und mein Blut ist der rechte Trank.»

Die nächste Stufe bilden die Pilatus-Akten im apokryphen Nikodemus-Evangelium, nun wieder im christlichen Sinne. Die spätantike Schrift gibt sich als Bücherfund eines kaiserlichen Leibwächters und Rechtsgelehrten (*nomomathês*) namens Ananias aus dem 5. Jahrhundert. Ananias, so lesen wir, habe den hebräischen Text ins Griechische übersetzt. Es heißt: Wie Jesus zu Pilatus gebracht wird und an den mit Kaiserbildern gezierten Standarten vorübergeht, da verneigen sich diese vor ihm und bezeigen ihm ihre Verehrung. Das bestärkt die Juden in ihrer Überzeugung, daß Jesus ein Magier sei. Er habe auch der Frau des Pilatus, die als Jüdin bezeichnet wird, den warnenden Traum gesandt. Die Juden werfen Jesus vor, ein uneheliches Kind zu sein, den Sabbat zu entheiligen und sich als Gottes Sohn und König auszugeben. Nun tritt Nikodemus, der Jünger, auf und verteidigt Jesus. Nach langem Hin und Her verurteilt ihn Pilatus, gemeinsam mit den Schächern, das heißt den Räubern Dysmas rechts und Gestas links. Der erstere bereut.

Die im Nikodemus-Evangelium wiederum erkennbare Tendenz, Pilatus zum Nachteil der Juden zu entlasten, wird noch deutlicher in den wenig jüngeren ‹Acta Petri et Pauli›. Pilatus erhält später von Nikodemus und Joseph von Arimathaia einen ausführlichen Zeugenbericht über die Höllen- und Himmelfahrt Jesu und verwahrt ihn in seinem Archiv. Dann läßt er die Schriftgelehrten kommen und fragt sie nach dem Datum, zu dem der Messias erwartet werde. Diese errechnen eine Zeit von

5500 Jahren seit der Prophezeiung des Erzengels Michael an Adams Sohn Seth, die nun gerade abgelaufen seien, bitten den Statthalter aber um Geheimhaltung. Pilatus archiviert auch diese Kunde und schreibt einen Brief an den Hof: «Pontius Pilatus grüßt seinen Kaiser Claudius. Kürzlich trug sich etwas zu, was ich selbst aufgedeckt habe. Die Juden haben aus Haß über sich und ihre Nachkommen ein grausames Strafgericht herabgezogen. Da nämlich ihre Väter die Verheißung hatten, Gott würde ihnen seinen Heiligen vom Himmel herabsenden, der mit Recht ihr König heißen würde und den Gott seinem Versprechen gemäß ihnen durch eine Jungfrau auf die Erde schicken würde, als dieser nun unter meiner Statthalterschaft nach Judäa gekommen war und sie sahen, daß er Blinden das Augenlicht wiedergab, Aussätzige reinigte, Gelähmte heilte, böse Geister aus den Menschen austrieb, sogar Tote auferweckte, den Winden gebot, trockenen Fußes über die Wogen des Meeres wandelte und viele andere Wunder vollbrachte, und als das ganze Judenvolk ihn als Gottessohn erkannte, da wurden die Führer der Priesterschaft vom Haß gegen ihn ergriffen. Sie faßten ihn und übergaben ihn mir, und Lügen über Lügen vorbringend, beschuldigten sie ihn, er sei ein Magier und übertrete ihr Gesetz. Ich aber glaubte, es sei so, ließ ihn geißeln und übergab ihn ihrer Willkür. Sie kreuzigten ihn und stellten Wächter an sein Grab. Er aber stand am dritten Tage, während meine Krieger Wache hielten, wieder auf. Die Juden ließen sich in ihrer Schlechtigkeit so weit fortreißen, daß sie meinen Kriegern Geld gaben und sprachen: Saget, seine Jünger hätten seinen Leichnam gestohlen. Aber obwohl diese das Geld annahmen, brachten sie es nicht fertig, das Geschehene zu verschweigen. Sie bezeugten nämlich, er sei auferstanden, und sie hätten es gesehen und von den Juden Geld bekommen. Dies habe ich deshalb vorgebracht, damit nicht einer den Sachverhalt falsch darstelle und Du den Lügen der Juden meinst Glauben schenken zu müssen.»

Die späteren Pilatus-Legenden haben zumeist sein Ende zum Gegenstand. In der ins 7. Jahrhundert datierten ‹Paradosis›, das heißt der «Auslieferung des Pilatus» heißt es: «Als dessen Schreiben in Rom anlangte und dem Kaiser, während nicht wenige dabeistanden, vorgelesen wurde, da entsetzten sich alle darüber, daß durch das gesetzwidrige Vorgehen des Pilatus die Finsternis und das Beben über die ganze Erde gekommen war. Der Kaiser entsandte, von Zorn erfüllt, Soldaten mit dem Befehl, den Pilatus in Fesseln herzuführen. Als er nun nach Rom gebracht worden war und der Kaiser hörte, daß Pilatus zur Stelle sei, da nahm er seinen Sitz im Tempel der Götter in Gegenwart des gesamten Senats und des ganzen Heeres und all der Großen seines Reiches. Und er befahl dem Pilatus vorzutreten und sprach zu ihm: ‹Wie konntest du dir Derartiges herausnehmen, du verruchter Mensch, da du doch so gewaltige Wunder bei jenem Manne wahrnahmst? Durch dein ruchloses Vorgehen hast du die ganze Welt zugrunde gerichtet.› Pilatus erwiderte: ‹Allmächtiger Kaiser, ich bin unschuldig daran; der Anstifter und Schuldige ist das Volk der Juden.› Der Kaiser fragte darauf: ‹Wer gehört dazu?› Pilatus: ‹Herodes, Archelaos, Philippos, Hannas, Kaiphas und die ganze Masse der Juden.› Darauf der Kaiser: ‹Weshalb hast du den Rat jener befolgt?› Pilatus: ‹Aufrührerisch und aufsässig ist dieses Volk; es ordnet sich deiner Herrschaft nicht unter.› Der Kaiser erklärte darauf: ‹Sobald sie Jesus dir übergaben, mußtest du ihn in sicheren Gewahrsam nehmen und ihn zu mir senden, nicht durftest du ihnen folgen und einen solchen Mann kreuzigen lassen, der gerecht war und herrliche Wunder gewirkt hatte, wie du sie in deinem Bericht erwähnt hast. Denn aus solchen Wundern ging klar hervor, daß Jesus der Christus war, der König der Juden.› Als der Kaiser so sprach und den Namen Christus nannte, da fielen da, wo der Kaiser mit dem Senate saß, die Götterbilder zusammen und wurden zu Staub. Alles Volk aber, das neben dem Kaiser stand, bekam das Zittern ob der Nennung des Namens und des Falles seiner Götter, und von Furcht gepackt gingen sie alle weg, ein jeder in sein Haus, staunend über das Geschehene. Der Kaiser aber befahl, den Pilatus in Gewahrsam zu halten, damit er selbst die Wahrheit über Jesus erfahre.»

«Am folgenden Tage», so weiter die ‹Paradosis›, «hielt der Kaiser mit dem ganzen Senat eine Sitzung auf dem Kapitol ab und machte sich daran, den Pilatus zu verhören. Und es sprach der Kaiser: ‹Sage die Wahrheit, Verruchter, da durch dein gottloses Verfahren gegen Jesus sich auch hier die Wirkung deiner Untat zeigte in dem Zusammenstürzen der Götter. Sage also, wer ist jener Gekreuzigte, daß sein Name alle Götter zunichte machte?› Pilatus antwortete: ‹Fürwahr, seine Prozeßakten entsprechen der Wahrheit. Denn auch ich kam aufgrund seiner Taten zu der Überzeugung, daß er größer ist als alle Götter, die wir verehren.› Darauf der Kaiser: ‹Weshalb bist du nun mit solchem Frevelmut gegen ihn vorgegangen, obwohl du ihn kanntest? Damit mußt du doch meinem Reiche einen schlimmen Streich haben spielen wollen?› Pilatus erwiderte: ‹Wegen der ungesetzlichen Aufruhrneigung der gesetz- und gottlosen Juden habe ich das getan.› Da beriet sich der Kaiser, vom Zorn erfüllt, mit dem Senat und seiner ganzen Streitmacht, und er ließ folgenden Beschluß gegen die Juden protokollieren: ‹Gruß an Licianus, den Kommandanten im Orient! In der jetzigen Zeit verübten die in Jerusalem und den benachbarten Städten wohnenden Juden eine widergesetzliche Freveltat, indem sie Pilatus zwangen, den als Gott anerkannten Jesus zu kreuzigen. Ob dieses ihres Frevels wurde die Erde verdunkelt und ins Verderben gerissen. Wolle nun aufgrund dieses Beschlusses dich schleunigst mit starkem Truppenaufgebot dorthin begeben und sie zu Kriegsgefangenen machen. Gehorche und gehe gegen sie vor und mache sie zu Sklaven, indem du sie unter alle Völker verstreust und indem du sie aus Judäa verjagst. Mache das Volk winzig klein, so daß es nirgends mehr in die Augen fällt, da es Menschen voller Bosheit sind.› Als dieser Beschluß im Orient anlangte, da befolgte Licianus den furchtbaren Befehl und vernichtete das ganze jüdische Volk, und die in Judäa Übrigbleibenden verstreute er als Sklaven unter die Völker, so daß der Kaiser, als ihm das Vorgehen des Licianus gegen die Juden im Orient bekannt wurde, sein Gefallen daran hatte.»

Weiter heißt es: «Und wiederum verhörte der Kaiser den Pilatus und befahl einem Amtsträger mit Namen Albius, ihn zu enthaupten, indem er sprach: ‹Wie dieser Hand anlegte an den Gerechten, der Christus genannt wurde, so soll er in gleicher Weise fallen und keine Rettung finden.› Pilatus mußte also zur

Richtstätte gehen und betete still: ‹O Herr, vernichte mich nicht mit den bösen Hebräern, weil ich unter dem Zwang des gesetzlosen Judenvolkes Hand an dich legte, da sie einen Aufruhr gegen mich anzettelten. Du weißt ja, daß ich in Unkenntnis handelte. Verdamme mich also nicht ob dieser Sünde, sondern verzeihe mir, HErr, und deiner Dienerin Prokla, die in dieser Stunde meines Todes neben mir steht, die du auch prophezeien ließest, daß du ans Kreuz geschlagen werden müßtest. Verurteile wegen meiner Sünde nicht auch sie, sondern sei uns gnädig und reihe uns in die Zahl deiner Gerechten ein.› Und siehe, als Pilatus sein Gebet beendet hatte, da erscholl eine Stimme vom Himmel: ‹Selig preisen werden dich alle Generationen und Stämme der Völker, weil unter deiner Statthalterschaft all das in Erfüllung ging, was die Propheten von mir geweissagt hatten. Und du selbst wirst als mein Zeuge bei meinem zweiten Kommen erscheinen, wenn ich die zwölf Stämme Israels und die, welche meinen Namen nicht gekannt haben, richten werde.› Da schlug der Präfekt Pilatus das Haupt ab, und siehe, ein Engel des Herrn nahm es auf. Als seine Frau Prokla den Engel kommen und das Haupt aufnehmen sah, da erfüllte sie Freude, und sogleich gab sie ihren Geist auf und wurde mit ihrem Manne begraben.»

In der ‹Paradosis› ist aus dem heimlichen Christen Pilatus ein offener Bekenner geworden. So war der Schritt zum heiligen Pilatus nicht mehr weit, wie ihn die Kirche der Kopten in Ägypten und die in Äthiopien seit dem 6. Jahrhundert verehrt. Sein Todestag ist der 19. oder 25. Juni (Sanê). Als Personenname ist Pilatus dort bis ins 18. Jahrhundert bezeugt. Der wichtigste Text dazu ist das apokryphe Gamaliel-Evangelium. «Pilatus und seine Gattin liebten Jesum wie sich selbst», aber von den jüdischen Massen bedrängt, gibt er nach und läßt zu, daß die Juden und König Herodes Antipas Jesus kreuzigen. Letzterer fürchtet um seine Herrschaft, hat doch der Kaiser Tiberius nach einer Unterredung mit dem Apostel Johannes vorgesehen, Jesus zum König von Judäa zu erheben. Pilatus aber bereut sein Urteil; er gesteht dem einäugigen Hauptmann des Herodes, wie leid ihm der Tod Jesu tue, zitiert die Hohen Priester herbei und macht ihnen bittere Vorwürfe. Kaiphas beschuldigt den

Gekreuzigten der Zauberei. «Pilatus aber erhob sich von seinem Sessel, schlug ihn auf seine ausgetrocknete Haut, riß ihm den Bart von der Backe und gab ihm Geißelhiebe.» Pilatus befiehlt, den toten Jesus an Joseph von Arimathaia auszuliefern. Jesus wird von ihm und Nikodemus beigesetzt, zwei Leute des Herodes Antipas und zwei des Hauptmannes bewachen das Grab während des Sabbats. Die Juden bieten den Kriegsknechten Schweigegeld, falls Jesus doch auferstünde. Auf ein Erdbeben hin fliehen die Soldaten in die Stadt.

Was dann geschehen sein soll, müssen wir aus den sogenannten Bartholomäus-Fragmenten ergänzen: Um Mitternacht kommt der Gärtner Philoges an die Gruft und sieht hier zwölftausend Cherubime, zwanzigtausend Seraphime und weitere himmlische Heerscharen versammelt. Gottvater steigt vom Himmel herab und erweckt seinen Sohn. Am Sonntagmorgen, nun wieder Gamaliel, erscheint Maria – Joseph ist inzwischen gestorben – und findet das Grab leer. Da tritt Jesus zu ihr und gibt sich zu erkennen. Die Kunde verbreitet sich zu den Juden und zu Pilatus, der sie schon im Traume vorausgesehen hat: Jesus erschien ihm in übernatürlichem Glanz, forderte ihn auf, die Leichentücher zu küssen und seine Auferstehung zu verkünden.

Es folgt die Bekehrung des Landpflegers. Pilatus verhört die Soldaten. Sie erklären, der Tote sei gestohlen worden, widersprechen einander aber im Einzelverhör. Der Statthalter begibt sich nun selbst zum Grab, ein Kuß auf das Leintuch bringt dem Hauptmann sein fehlendes Auge wieder. Die Juden erklären das für Teufelei und behaupten, der tote Jesus sei in einen Brunnen geworfen worden. Gamaliel fügt ein: «Ich aber, Gamaliel, folgte ihnen mit der Volksmenge.» Man findet einen Toten im Brunnen und holt ihn heraus, aber es ist nicht Jesus. Der Tote wird in das Grabtuch Jesu gewickelt und in dessen Grab gelegt. Man wälzt den Stein davor, und Pilatus betet um ein Wunder. Da ruft der Tote aus dem Grabe – es ist der Schächer zur Rechten. Pilatus befiehlt den Kriegern, auf die verleumderischen Juden einzuhauen, läßt den Palast des Hohen Priesters verwüsten und gibt ihn zur Plünderung frei.

Nun schreibt Pilatus einen Brief an Antipas und berichtet ihm alles. Die Juden aber demonstrieren vor dessen Haus gegen den «Ägypter» Pilatus. Sie bestechen Antipas mit Gold. Dieser antwortet und bittet um die Zusendung der Soldaten, damit sie die Auferstehung bezeugen. Die Juden haben inzwischen den Hauptmann und den Schächer getötet, eine Lichtwolke entführt ihre Seelen. Diese erscheinen dem Pilatus und seiner Frau und prophezeien ihm das Martyrium durchs Schwert und beiden das Paradies.

Aus demselben Überlieferungskontext stammt das ‹Martyrium Pilati›, das ebenfalls Gamaliel zugeschrieben wurde. Es handelt sich um eine Heiligenlegende, die sowohl an das zuvor paraphrasierte Evangelium als auch an die älteren Pilatus-Akten anknüpft, wonach sich Tiberius zu Christus bekannt hätte. Der Text beginnt mit einer Schilderung der Liebestätigkeit der Christin gewordenen Procula. Die Juden wenden sich darauf an den freigelassenen Barabbas, der hier als Schwager von Judas Iskarioth erscheint, und fordern ihn auf, den Christ gewordenen Pilatus und seine Familie umzubringen. Gamaliel aber verrät den Anschlag, und Pilatus gelingt es, den Mörder zu fassen. Barabbas wird nun ebenfalls, mit den Füßen nach oben, am Ostermontag auf Golgatha gekreuzigt. Die Juden wenden sich an Antipas in Galiläa, und dieser schreibt eine Beschwerde über Pilatus, den «Zauberer» oder «Ägypter» an den Kaiser. Dieser aber hat bereits von den Wundern erfahren, befiehlt, alle Gegner Jesu in Jerusalem zu enthaupten und ihre Leichen an der Stadtmauer aufzuhängen. Zugleich schickt er den Legaten Petronius nach Jerusalem, um Pilatus zur Rechenschaft zu ziehen.

Inzwischen aber ist Antipas mit Heeresmacht erschienen und hat Pilatus und seine Familie, Nikodemus und Joseph von Arimathaia festgenommen. Pilatus muß sich vor Herodes und Petronius verantworten, weil er Jesus ohne kaiserlichen Befehl getötet hat. Er wird gegeißelt, unter dem Jubel der Juden durch die Stadt geschleift und in ihr Gefängnis geworfen. Durch eine hohe Bestechungssumme erwirken die Juden vom Legaten die Verurteilung. Diesem ist Jesus erschienen und hat ihm einen Tod in Rom verheißen. Die Juden hängen Pilatus mit Stricken an das Kreuz Jesu, das sie zuvor vergebens mit Feuer verbrennen wollten, setzen ihm die Dornenkrone auf und verspotten ihn. Petronius aber nimmt Pilatus wieder vom Kreuz ab und wartet auf Befehl aus Rom.

In Rom ist der Sohn des Tiberius gestorben. Auf Bitten seiner Frau schickt der Kaiser die Gebeine des Toten an Petronius, damit er sie ins Grab Jesu lege in der Hoffnung auf eine Erweckung des Sohnes. Durch abermalige Bestechung lassen die Juden die Gebeine verschwinden. Pilatus, Joseph von Arimathaia und Nikodemus schaffen sie mit Gottes Hilfe wieder herbei, legen sie in das Grab Jesu, wo der Sohn des Kaisers wieder lebendig wird. Jetzt umarmt Petronius den Pilatus. Der auferstandene Prinz wird in Rom glänzend empfangen. Auch Pilatus kommt nun nach Rom und berichtet dem Kaiser. Der akzeptiert weder, daß Antipas an der Kreuzigung schuld ist, noch daß sie dem Heilswillen Gottes entspricht, und befiehlt, Pilatus wegen der Verurteilung eines Unschuldigen zu kreuzigen und zu enthaupten.

Die arabischen Fassungen der Legende berichten noch, daß Pilatus mit seiner Familie in der Nähe des Grabes Jesu beigesetzt wird, daß Tiberius alle Juden Jerusalems töten läßt und sogar Antipas verfolgt. Doch ist der bereits durch einen Feuerpfeil vom Himmel getroffen und mit Haut und Haar verfault. In der mittelalterlichen Legende wird Pilatus statt von Tiberius auch von Vespasian oder Constantin verhört und verurteilt.

Während somit die orientalische Legendentradition Pilatus christianisiert und exkulpiert, bleibt er in der griechischen und lateinischen Überlieferung der Bösewicht. Wir lesen bei dem byzantinischen Chronisten Malalas aus dem 6. Jahrhundert, Nero habe Pilatus köpfen lassen, weil er den Wundertäter Jesus den Juden ausgeliefert habe. Zugrunde liegt eine Legende, wonach beim Zauberwettstreit zwischen Simon Magus, der sich als Christus ausgab, und Petrus, dem Schüler des wahren Christus, Pilatus herangezogen wurde und von Nero, der Christus bewundert habe, zum Tod durchs Schwert verurteilt wurde. Damit ist die Legende über das Ende jedoch noch immer nicht erschöpft. Der byzantinische Chronist Cedrenus meldet um

1100, Pilatus sei durch Maria Magdalena bei Caligula verklagt und von diesem nach römischer Sitte durch Säcken hingerichtet worden: mit einem Hahn, einer Schlange und einem Affen in die Haut eines frisch geschlachteten Rindes eingenäht, habe man Pilatus in der Sonne verdörren lassen.

Eine weiter ausgesponnene Fassung der Pilatus-Sage bietet die ‹Legenda Aurea› aus dem 13. Jahrhundert. Hier wird der Landpfleger zu einem Trabanten des Teufels. Ein König namens Tyrus schwängert Pyla, die Tochter des Müllers Atus. Sie nennt ihr Söhnchen Pylatus. Es wächst mit dem ehelichen Königssohn auf, tötet aber diesen aus Eifersucht. Daraufhin wird Pylatus statt des fälligen Jahrestributes als Geisel nach Rom gesandt. Hier aber begeht er einen weiteren Mord und wird auf die rebellische Insel «Pontus» verbannt. Wider Erwarten gelingt es Pylatus, die wilden Einwohner dort zu «überbösen» und zu zähmen, und er erhält dafür den Beinamen Pontius. Das hört Antipas; er bittet ihn, ihm zu helfen, die aufsässigen Juden zu beherrschen. Pylatus aber fährt nach Rom und läßt sich von Tiberius die Statthalterschaft über Judäa allein übertragen. Er verurteilt Jesus, doch dann peinigt ihn das Gewissen. Er berichtet nach Rom und bittet um Verzeihung. Schon zuvor aber hat Tiberius von den Heilwundern gehört und schickt um Hilfe, da er selber krank ist. Der kaiserliche Sekretär Volusianus fährt ins Heilige Land und begegnet Veronika, einer Jüngerin. Er erhält von ihr ein Tuch, auf das sie das Bild Jesu hat malen lassen.

Mit diesem «Schweißtuch» wird der Kaiser geheilt. Er hört vom Tode Jesu und zieht nun Pylatus zur Rechenschaft. Zwar kann sich dieser eine Weile dadurch schützen, daß er die *tunica inconsutilis*, den ungenähten Rock Jesu trägt – das wird aber bekannt, und nun nötigt der Kaiser Pylatus im Gefängnis zum Selbstmord. Die Leiche wird in den Tiber geworfen und lockt dort die bösen Geister an. Deren Wüten versetzt die Anwohner in Schrecken, weswegen der Tote aus dem Tiber gezogen und in die Rhône geworfen wird. Aber auch dort wüten die Dämonen und plagen die Bewohner von Vienne – römisch *Vienna*, das man als *via Gehennae* deutete, als Weg zur Hölle. Der tote Pylatus endet im Genfer See. Soweit die «goldene Legende». Das

Tuch der heiligen Veronika, das den kirchlich beglaubigten Anspruch auf Echtheit erhebt, wird zum Jahre 705 in Rom genannt und befindet sich heute als Gegenstück zum Turiner Grabtuch in der «Basilica minor» zu Manoppello in den Abruzzen.

In der ‹Legenda Aurea› gibt es daneben noch die Überlieferung, daß wie Herodes Antipas so auch Pilatus nach *Lugdunum*/Lyon verbannt worden sei, woher er angeblich stammte, und dort sein Leben beschlossen habe. Seine Frau, inzwischen Christin geworden, soll ihm nach Rom gefolgt, dann aber nicht mit nach Gallien gegangen sein. Im 16. Jahrhundert erhielt die Frau des Pilatus den Namen Claudia Procula, in Anlehnung an die römische Christin Claudia, die um das Jahr 65 im 2. Brief an Timotheus (4,21) genannt wird. In der griechisch-orthodoxen Kirche ist Prokla eine Heilige, ihr Tag ist der 27. Oktober.

Neben Lyon bewarben sich noch andere Städte in Frankreich um den Geburtsort des Landpflegers, so Vienne. Hier zeigte man eine *Maison de Pilate*, ein *Prétoire de Pilate* und eine *Tour de Pilate*. Sein Sterbeort wurde im 9. Jahrhundert hierher verlegt, analog zu dem des Archelaos (S. 16). Man warf den toten Pilatus in die Rhône, den der Fluß aber wieder ausspuckte, so daß man ihn schließlich unter einem Obelisken begrub, der heute noch auf einer Straßenkreuzung steht.

In Spanien sind drei Städte mit Pilatus verbunden: Huesca, wo er studiert haben soll, Sevilla, wo der *Casa de Pilatos* genannte Palast aus dem 16. Jahrhundert nach dem Haus des Pilatus in Jerusalem gebaut sein soll, und Tarragona, lateinisch *Tarraco*. Dort gibt es einen *Torreón de Pilatos*, einen Turm des Pilatus. Dabei handelt es sich um das römische Prätorium auf der Westseite des Forums, wo in den Jahren 28 bis 26 v. Chr. Augustus, im Jahre 121 n. Chr. Hadrian residiert hat. Im Mittelalter diente der – mehrfach umgebaute – Palast als Residenz der Könige von Aragon. Hier soll Pilatus amtiert haben, ehe er nach Judäa versetzt wurde. Der ihm beigelegte Titel «Prätor» ist vom Bauwerk abgeleitet.

Im 13. Jahrhundert gelangte die Pilatus-Legende aus Italien nach der Schweiz. Schon 1273 wird der Pilatus-Berg bei Luzern genannt. Seit dem 14. Jahrhundert hören wir vom Pilatus-See, dem kreuzförmigen Vierwaldstätter See. Der Berg galt als Wetterprophet:

Wenn der Pilatus hat einen Hut,
so ist das Wetter fein und gut.

Somit dürfte die ältere Namensform *Pileatus* gelautet haben, der mit Schnee «Bemützte». Lateinisch *pileus* ist die Mütze. Berg und See wurden mit der Sage verknüpft. Pilatus soll hier ins Wasser geworfen worden sein. Allerlei Volksglaube knüpfte sich daran: Wirft man Steine in den See oder ruft den Namen des Pilatus, so entstehen Unwetter. Am Karfreitag taucht ein purpurner Thron in der Mitte des Sees auf; Teufel setzen den Pilatus darauf, der sich hier die Hände wäscht. Wer ihn sah, überlebte das Jahr nicht. Um den Tobegeist zu beruhigen, wurde ein Pferd im Gewässer versenkt. Seit dem 14. Jahrhundert war es verboten, sich den Ufern zu nähern und den Berg zu besteigen, auf dem Drachen hausen sollten. Der große Naturforscher Konrad Gesner mußte sich 1541 dafür vom Rat in Luzern eine Ausnahmegenehmigung einholen. Er hat ein Buch darüber verfaßt: Descriptio montis Pilati, Zürich 1555, in dem er auf die Sage eingeht. Aber auch später noch meinte man, «das dis gebirg uf der höhe und da es ruch und wild ist, mit bösem tüfflischem gespenst und geisterwerk eben wol besetzt und erfüllet» sei.

Besonders zahlreiche Orte wollen in Deutschland mit Pilatus zu tun haben. Als Geburtsort werden genannt: Mainz, wo sein Vater Astrologe gewesen sei und woher auch Judas stammen soll; weiterhin Hausen bei Forchheim und Forchheim selbst, wo man seine rote Hose zeigte.

Forchhemii natus est Pontius ille Pilatus,
Teutonicae gentis crucifixor Omnipotentis.

«In Forchheim wurde jener Pontius Pilatus aus dem deutschen Volke geboren, der Kreuziger des Allmächtigen.» Isidor, der Metropolit von Moskau, 1436 auf dem Weg zum Konzil von Florenz, berichtet, Pilatus sei bei Bamberg geboren. Jedenfalls war Pilatus nicht nur Römer, Ägypter, Spanier und Franzose, sondern auch Deutscher. Ebenso wurde sein Todesort nach

Deutschland verlegt: Pachten im Saarland kam zu seinem Pilatus-Bach durch die Tradition, der Landpfleger sei dort nach seinem Selbstmord auf dem Bauche liegend begraben worden. Die Erinnerung daran, daß Trier einmal Kaiserstadt war, zog das Verhör vom Tiber an die Mosel. Die Juden in Worms wollten eine Gesandtschaft nach Jerusalem geschickt haben, um Pilatus davon abzuhalten, Jesus zu kreuzigen. Hätten sie Erfolg gehabt, so wäre ihrem Volk Schlimmes erspart geblieben.

Aus Rußland läßt sich eine weitere Legendentradition zu Pilatus beisteuern, eine ausführliche Erzählung über das Ende des Stephanus, in der Pilatus eine Rolle spielt. Der Landpfleger ist bereits im Herzen Christ und versucht vergeblich, Stephanus vor den aufgebrachten Juden zu retten. Mit seiner Frau und seinen beiden Kindern läßt er sich taufen und bestattet Stephanus in einem vergoldeten Silbersarg auf dessen Landgut Serasima. Sodann baut er eine schöne Kirche für den Märtyrer und die mit ihm getöteten Christen Gamaliel und Nikodemus und ordnet Gedenktage für sie an. Sieben Monate später stirbt auch Pilatus und wird in Kapartasala begraben. Wo das zu suchen sei, erfahren wir nicht.

Die Popularität des Pilatus spiegelt sich in der kirchlichen Kunst. Sarkophage des 4. Jahrhunderts zeigen die Handwaschung. Eines der Mosaiken von Sant‘ Apollinare Nuovo in Ravenna aus dem 6. Jahrhundert präsentiert Christus im kaiserlichen Purpur mit Heiligenschein, während er von den Schriftgelehrten vor Pilatus geführt wird, der im spätrömischen Beamtenkostüm, umgeben von drei Gefolgsleuten auf einem prachtvollen Thron von einem Diener das Waschbecken gereicht bekommt.

Die meisten späteren Darstellungen finden sich in der Malerei, so das auf der Reichenau um 1000 n. Chr. entstandene Evangeliar Kaiser Ottos III. Immer wieder gibt es die Handwaschung. Sie wird zuweilen in eine gotische Kirchenarchitektur verlegt. Im Spätmittelalter wird Pilatus als Heide gern wie ein Türke wiedergegeben, in phantastischen orientalischen Gewändern, bisweilen mit Turban, so auf dem Braunschweiger Domaltar von 1515 und dem Bild von Matthias Stomer im Louvre.

Christus steht Pilatus immer in stoischer Ruhe gegenüber. Die Begegnung von weltlicher Macht und geistlicher Größe blieb stets ein Thema der bildenden Kunst.

Eine zentrale Figur ist Pilatus im mittelalterlichen Passionsspiel, jener Mischung aus Gottesdienst und Volksbrauch. Entstanden im 13. Jahrhundert, erlebte es seine Blüte im 15. und 16. Jahrhundert. Wie in den römischen Passionsspielen des Mittelalters trugen in denen Tirols, wie Gregorovius 1865 aus Thiersee bezeugt, alle Akteure – außer Jesus und den Jüngern – Handschuhe, vielleicht um ihre Unschuld zu bewahren? Dieser Brauch wurde aufgegeben in den Oberammergauer Passionsspielen, die zur Erinnerung an die Pest von 1634 alle zehn Jahre jeden Sonntag im Sommer von fünfhundert Laien aus dem Ort aufgeführt werden. Ihr heutiger Text stammt aus dem Jahre 1860. Pilatus erscheint als edler Römer, schwankend zwischen Pflicht gegen das Gesetz und dem Gebot der Menschlichkeit. So Gregorovius, schon er nahm Anstoß an den judenfeindlichen Passagen. Sie wurden 1970 herauskorrigiert, nachdem ein anderer prominenter Besucher in dem bayerischen Pilatus einen Geistesverwandten erkannt hatte. Für ihn war Pilatus der «rassisch und intelligenzmäßig so überlegene Römer, daß er wie ein Fels inmitten des jüdischen Geschmeißes und Gewimmels» wirkt. So Adolf Hitler am 5. Juli 1942 in der Wolfsschanze.

Die biblischen und legendären Züge der Pilatus-Gestalt sind in der schönen Literatur um vielfältige Facetten erweitert worden. Schon 1892 erschien die Novelle von Anatole France ‹Le Procurateur de Judée›, worin Pilatus in den Thermen von Baiae sich an einen Mann namens Jesus aus Nazareth partout nicht erinnern kann. Die meisten Texte zu Pilatus stammen aus der Zeit nach dem Zweiten Weltkrieg, als das Wasser knapp wurde, um die schuldigen Hände darin zu waschen. Immerhin, für Rolf Hochhuths ‹Stellvertreter› reichte es noch, verfehlte aber die Wirkung. Max Frisch zeichnete 1946 in seiner Farce ‹Die chinesische Mauer› Pilatus als den skeptischen Intellektuellen, der sich der Verantwortung für das von ihm verschuldete Leid entziehen will. Friedrich Dürrenmatts Prosastück ‹Pilatus› von 1949 zeigt die Überlegenheit des leidenden Opfers gegenüber dem gewaltmächtigen Täter; Pilatus weiß, daß er Gott quält. In der Novelle Gertruds von Le Fort ‹Die Frau des Pilatus› aus dem Jahre 1955 bekennt sich diese nach dem vergeblichen Versuch, Jesus zu retten, zu Christus und nimmt die Schuld ihres Mannes auf sich, der sie im Namen von Kaiser und Reich ebenfalls hinrichtet.

Pilatus als pflichtbewußtes Werkzeug einer höheren Macht und Prototyp des schuldlosen Täters begegnet uns nicht nur im literarischen Medium, sondern auch im Selbstverständnis des politischen Verbrechers par excellence, bei Adolf Eichmann, der eine Schlüsselrolle bei der Deportation der Juden in die Vernichtungslager Polens gespielt hat. 1964 entwarf Hannah Arendt in ihrem Buch ‹Eichmann in Jerusalem› ein Charakterbild dieses Vollstreckers und zitiert einen Bericht aus seiner Feder über die Wannseekonferenz im Januar 1942, als die Beteiligten ihr Bestes taten, sich im vorauseilenden Gehorsam hervorzutun. «In dem Augenblick hatte ich eine Art Pilatus'scher Zufriedenheit in mir verspürt, denn ich fühlte mich bar jeder Schuld.»

Jüngere Texte verlieren diesen Zeitbezug, doch bleibt Pilatus präsent. 1966 erschien der Roman ‹Der Meister und Margarita› des 1940 verstorbenen Michail Bulgakow. Darin bestreitet der Redakteur der Moskauer Literatenvereinigung die Geschichtlichkeit Jesu mit den Argumenten der Aufklärung. Eine Verbindung populärer Wissenschaft und historischem Roman sodann ist die «Biographie» ‹Pontius Pilatus. Römer, Ritter, Richter› von Ralf-Peter Märtin aus dem Jahre 1989. Sie ist flott geschrieben und bringt kulturgeschichtlichen Hintergrund. 1999 präsentierte Ann Wroe ‹Pontius Pilate. The Biography of an Invented Man›, eine farben- und facettenreiche Collage aus den unerschöpflichen Legendenstoffen.

Das Meisterstück der Pilatus-Literatur ist der 1991 durch Jörg von Uthmann herausgegebene Briefwechsel des Landpflegers. Mit vorzüglicher Quellenkenntnis und sprudelnder Phantasie wird eine höchst lebensnahe Figur gezeichnet, die sich keineswegs nur um den Nachschub an Damaskus-Pflaumen bemüht, die Thermen von Caesarea ausbauen läßt und ein pornophiles Techtel-Mechtel mit Salome betreibt. Vielmehr kümmert sich Pilatus ebenso um die religiösen Konflikte. Jesus wird nicht gekreuzigt, sondern nach Damaskus verbannt, wo Paulus ihn gemäß der Apostelgeschichte (Apg. 9,3 ff) bekanntlich getroffen hat, während Jakobus die Gemeinde in Jerusalem weiterführt. Uthmann erörtert das Für und Wider, ob in Wahrheit nicht Judas, Barabbas oder Simon von Kyrene gekreuzigt wurde, aber entscheidet es nicht. *Adhuc sub iudice lis est.*

8. Jesus freigesprochen – was wäre geschehen?

«Weißt du nicht, daß ich Macht habe, dich loszugeben, und Macht habe, dich zu kreuzigen?» Diese Worte bei Johannes (19,10) könnte Pilatus durchaus gesprochen haben. Denn es stand in seinem Ermessen, den Vorwurf des Majestätsverbrechens gegen Jesus ernst oder auf die leichte Schulter zu nehmen. Schließlich mußte er doch in diesem armseligen Wanderprediger keinen König der Juden oder auch nur eine wirkliche Gefahr für die öffentliche Ordnung erblicken.

Gewiß ist es ein gewagtes Gedankenspiel, sich ein anderes Urteil vorzustellen und gar noch die mutmaßlichen Folgen auszumalen. Und doch ist es denkbar. Ein Freispruch Jesu war möglich, aber auch alternative Strafen lagen nahe, wenn Pilatus so wie unsere Theologen den Angeklagten lediglich als unpolitischen Heilskünder eingestuft hätte. Die Sentenzen des Juristen Julius Paulus verfügen, daß Propheten (*vaticinatores*), die «erfüllt von Gott» zu sein behaupten (*qui se deo plenos adsimulant*), ausgepeitscht und ausgewiesen werden sollten, damit sie bei der leichtgläubigen Menge keine Unruhe auslösen.

Was wäre geschehen, wenn Pilatus Jesus gegeißelt und freigelassen hätte, wie er es gemäß Lukas (23,15) vorhatte? Was, wenn er Jesus zur Steinbrucharbeit verurteilt oder zum Verhör durch den Kaiser nach Rom gesandt hätte? 4 v. Chr. hatte der

Legat Quinctilius Varus jüdische Rebellenführer nicht selbst gerichtet, sondern in Fesseln nach Rom geschickt. Ebenso sandte 52 n. Chr. der Legat Ummidius Quadratus die Anführer der streitenden Juden und Samaritaner zum Kaiser, wenig später tat dies der Prokurator Felix mit dem Räuberkönig Eleazar Deinäi, sein Nachfolger Festus mit dem Apostel Paulus und anderen Gefangenen (Apg. 27,42). Freilich handelt es sich bei all diesen Männern um Personen von Rang, mit denen man behutsamer umgehen mußte als mit einem inspirierten Handwerker aus Galiläa.

Weitgehende Folgen ergeben sich nur, wenn die Kreuzigung unterblieben wäre und nicht zu einem anderen Zeitpunkt dann doch stattgefunden hätte. Auch das Schicksal des Stephanus, die Steinigung auf Betreiben des Hohen Rates, hätte Jesus später blühen und als Opfertod gedeutet werden können. Alles das wäre unterblieben, wenn Jesus, von Pilatus vermahnt, nach Galiläa zurückgekehrt wäre und sich mit einer kleinen Gemeinde begnügt hätte, die so wie die anderen jüdischen Sekten irgendwann verschwunden wäre. Denkbar ist ebenso, daß sich seine Jünger enttäuscht von ihm abgewandt hätten, daß Jesus auf die Predigt verzichtet, das Geschäft seines Vaters übernommen und Maria Magdalena geheiratet hätte.

Leichter als die Frage, was nach einem Freispruch Jesu erfolgt wäre, ist die zu beantworten, was in diesem Falle nicht geschehen wäre. Darauf antwortet Jesus seinen Jüngern im Hinblick auf seine Kreuzigung bei Johannes (16,7) selbst. «Es ist gut für euch, daß ich gehe. Denn ginge ich nicht, dann käme der Helfer nicht zu euch. Wenn ich aber fortgehe, werde ich ihn euch senden.» Der Helfer, der Paraklet, ist der «Geist der Wahrheit» (16,13), der «Heilige Geist» (14,26), dessen Ausgießung zu Pfingsten die Gemeinde begründen wird (Apg. 2). Johannes (15,22) läßt Jesus auch sagen, was geschehen wäre, wenn er nicht gekommen wäre und nicht zu den Menschen gesprochen hätte: Dann wären sie frei von Sünde. Nun aber gebe es keine Entschuldigung für den verweigerten Glauben, der allein selig macht.

Ein kreuzloses Christentum ist für Johannes wie zuvor für Paulus undenkbar. Paulus fußt auf Pilatus. Ohne Kreuz und

Auferstehung, ohne Opfer und Erlösung ist die Theologie des Paulus undenkbar – und was wäre aus der Jesusreligion, selbst mit der Kreuzigung, geworden ohne das organisatorische Genie des Paulus? Erst seine Interpretation hat der Frohen Botschaft jene Dynamik verliehen, die sie zur Weltreligion hat werden lassen. Denn Paulus hat im Sinne von Jesus und Stephanus den Bekehrungsbereiten die Beschneidung, die Speisetabus und die Sabbatheiligung erspart. Paulus hat zudem mit seinen Hirtenbriefen die fundamentale Organisationsarbeit geleistet, die aus den verschiedenen, sogar noch in sich zersplitterten Gemeinden eine einzige Kirche gemacht hat. Diese Sendschreiben orientierten sich an den Lehrbriefen der antiken Philosophen, denken wir an Epikur oder Seneca, und wurden nicht erst im Neuen Testament kanonisiert.

Für die Geschichte des Christentums ist neben Pilatus keine Gestalt so wichtig geworden wie Paulus. Der Erfolg der Jesusreligion insgesamt beruht freilich auf breiterer Grundlage: auf der Überlieferung von Leben, Lehren und Leiden eines Menschen, wie ihn keine andere antike Religion aufzuweisen hat; auf den Heiligen Schriften, die in jeder Notlage Trost und Hilfe spenden; auf dem Glauben an einen, den einzigen Gott, der uns liebt; auf der brüderlichen Nächstenliebe innerhalb der Gemeinde und deren gut organisiertem weltweiten Zusammenhalt; auf dem Bekennermut der Märtyrer und der Hoffnung auf Erlösung und ewiges Leben.

Schließlich wäre noch zu überlegen, ob die Messiashoffnung, die damals ja außerordentlich lebendig war, sich nicht an eine andere Person geklammert hätte. Eliminieren wir gedanklich Jesus, wäre dann ein Ersatzmessias vorstellbar? An Kandidaten fehlt es nicht: Judas von Gamala, Johannes der Täufer und Theudas, der als Bandenführer, Wundertäter und falscher Prophet unter dem Prokurator Cuspius Fadus um 45 n. Chr. enthauptet wurde – sie alle waren mehr oder weniger messianische Gestalten, doch fehlt es ihnen an charismatischer Substanz, um die Annahme zu rechtfertigen, einer von ihnen hätte die Rolle übernehmen können, die Jesus tatsächlich gespielt hat oder die ihm nicht ohne Grund zugewiesen wurde. Pilatus ist auswechselbar – auch ein anderer Statthalter hätte vermutlich wie er entschieden. Jesus ist nicht auswechselbar – seine prophetisch-messianische Ausstrahlung sucht ihresgleichen. Es führt kein Weg an dem Schluß vorbei: ohne Kreuz kein Christentum, kein Messias Jesus.

Der nähere Fortgang der römischen Geschichte ohne Kreuz und Christentum ist unschwer vorstellbar. Bis hin zu Constantin hätte sich sehr wenig geändert. Die Christen lebten unter sich, sie waren historisch nahezu bedeutungslos. Die Christenverfolgungen blieben isolierte Einzelaktionen ohne weitreichende Wirkung. Eine solche entfaltete sich erst mit der Duldung durch Gallienus 260 und der Christianisierung der Kaiser seit Constantin 312. Das hatte politische Folgen. Es fehlt nicht einmal an Stimmen, die dem neuen Glauben die Schuld am Zusammenbruch des Imperiums zuweisen: Unter Augustus war das Römerreich politisch geeint, aber in Hunderte von Religionen gespalten. Unter Justinian war derselbe Raum flächendeckend christianisiert, aber politisch in Einzelteile zersplittert. War diese Gegenläufigkeit Zufall? Einen Zusammenhang haben auf metaphysischer Ebene bereits die Christenverfolger angenommen. Sie glaubten, mit der Abkehr von der Religion der Väter hätte Rom den Schutz der Götter verspielt, die das Reich groß und stark gemacht hätten.

In diesem Falle wäre Pilatus schuld am Untergang Roms. Mit großer Entschiedenheit vertraten Voltaire, Gibbon und Nietzsche die These, der Jenseitsglaube habe den Patriotismus untergraben und so dem Staat seine moralische Basis entzogen. Autoren, die der massenhaften Weltflucht und dem endlosen Glaubensstreit der Christen eine Mitschuld am Zusammenbruch des Reiches zumessen, erachten bei einem Ausbleiben der Christianisierung sogar ein Überleben des Imperiums für möglich. Das «finstere Mittelalter» entfiele.

Lassen wir es dahingestellt, ob ohne das Christentum die Römerherrschaft fortbestanden oder trotzdem von den Germanen der Völkerwanderung abgelöst worden wäre, so ist eines doch klar: Die mittelalterliche Welt hätte ohne Christentum ein völlig anderes Gesicht erhalten. Die Bekehrung der Germanen beruht auf deren Wunsch, sich die höhere Kultur des Südens anzueignen. Daß die Germanen von den Römern das Christentum, nicht aber den Brückenbau und die Wasserleitungen übernommen haben, war wohl nur eine Frage der Intelligenz. Schon die heidnischen Kulte der Römer übten eine Anziehungskraft auf die Germanen aus, um so mehr die antike Zivilisation. Wenn wir eine Begnadigung Jesu durch Pilatus annehmen, dann gelangen wir in ein Mittelalter, dessen Städte nicht um Kirchen und Kathedralen, sondern um Sonnentempel und Kapitole gebaut sind, in denen nicht die Bibel, sondern Homer und Vergil gelesen wurden, in denen es keine Glaubenskämpfe und keine Inquisition gab, aber auch keine Spitäler, keine Armenfürsorge und keine christliche Kunst.

Ein Fortbestand des Heidentums ist durchaus denkbar. Denn der Polytheismus hat sich einerseits auf dem Lande, zumal in den Westprovinzen, und andererseits unter Intellektuellen lange gehalten: im römischen Senat bis zur Niederlage des Eugenius gegen Theodosius 394 n. Chr., im Museion zu Alexandria, wo 415 die Philosophin Hypatia von fanatischen Mönchen zerfleischt wurde, und in der Akademie Platons zu Athen, die Justinian 529 durch Verordnung schloß. Das Christentum bahnte sich seinen Weg zunächst mit Nächstenliebe und Opferbereitschaft, dann mit staatlicher Gewalt, seitdem die Kaiser die Überzeugung teilten, alle anderen Religionen seien Teufelswerk und Dämonenspuk, dem irdischen Glück ebenso abträglich wie dem himmlischen Heil.

Denken wir das Christentum aus der Spätantike heraus, entsteht eine Leerstelle: Wäre der Polytheismus nicht durch eine andere Weltreligion ersetzt worden? Ohne das Christentum selbst verbleiben doch die vier Rahmenbedingungen, die den Erfolg des Jesusglaubens begünstigt haben. Zum ersten ein verbreitetes Erlösungsbedürfnis bei den unteren Schichten, dokumentiert in der Beliebtheit orientalischer Mysterienkulte. Zum zweiten ein Interesse an einer philosophisch entwicklungsfähigen monotheistischen Religion in den gebildeten Kreisen, bezeugt durch die Stoa, den Neuplatonismus und die Gnosis. Zum dritten der Wunsch nach organisierter Staatsreligion, wie sie die Ptolemäer mit dem Herrscherkult vorgeführt und die Kaiser nachgemacht haben. Zum vierten der Überdruß am Luxusleben, die Bereitschaft zu Askese und Philanthropie, wie es die Stoiker lehrten – all das gab's sowieso. Hier ist durch den Wegfall des Christentums, das alle jene Bedürfnisse zu bündeln und zu stillen verstand, gewissermaßen eine Marktlücke bezeichnet, die nun anders hätte geschlossen werden können.

In Frage kommen hierfür die in der Konkurrenz mit dem Christentum unterlegenen Religionen. Die römische Kaiserzeit war eine religionshistorische Experimentierphase. Ein gutes Dutzend von Kulten florierte, zumal in Kleinasien und im Nahen Osten. Neben dem griechisch-römischen Polytheismus und den älteren Erlösungsreligionen von Kybele und Attis, von Isis und Osiris gab es die Dea Syria Atargatis, den Heilgott Sabazios, den Juppiter Dolichenus und die verschiedenen Baalskulte. Gottbegeisterte Wundermänner traten auf, die eigene Gemeinden bildeten, so Apollonius von Tyana, der als Sohn des Zeus galt, Dämonen austrieb und andere übernatürliche Kräfte besaß. Alexandros von Abonuteichos, selbst ein Sohn der Mondgöttin, stiftete einen erfolgreichen Mysterienkult für seinen Schlangengott, heilte, zauberte und erteilte Orakel. Peregrinus Proteus predigte als Wanderprophet im ganzen Osten und inszenierte seinen Feuertod 165 in Olympia, um wie Herakles in den Himmel aufzusteigen (S. 84).

Die Missionserfolge des Christentums haben allen anderen Religionen den Wind aus den Segeln genommen. Das Heidentum hat zwar vielfach selbst christliche Elemente adaptiert, aber diese lassen sich gedanklich eliminieren, ohne den Bestand jener Bewegungen zu gefährden. So hat etwa Kaiser Julian (355/61 bis 363) erklärtermaßen unter christlichem Einfluß Menschenliebe und Sittenstrenge gefordert und den römischen Staatskult umgestaltet. Julian huldigte dem «König Helios». Dies wäre eine Alternative gewesen. Ein gnostisch-neuplatonisch gedeuteter Sonnenkult besaß gute Aussichten, zur Reichsreligion aufzusteigen. Im apokryphen Nikodemus-Evangelium schwört Pilatus beim Sonnengott, daß er keine Schuld an Jesus finde. Pilatus wird hier offenbar unter die Mithrasanhänger gerechnet. Sie waren zahlreich. Elagabals und Aurelians solarer Reichsgott sowie die Sonnenverehrung bei Constantin, Licinius und Julian bestätigen die Chancen dieser Religion. Bleibende Spuren hinterließ sie im Namen des von Constantin am 3. Juli 321 zum Feiertag erhobenen *dies Solis*, des Sonntags, und im Weihnachtsfest, unter seinem Nachfolger 354 am *natalis Solis invicti*, dem Geburtstag des Sonnengottes, am 25. Dezember bezeugt.

Der Mithraskult besaß wie das Christentum einen Mythos und eine Priesterschaft. Es gab ein Kultmahl, eine Liturgie mit Lichtern, Weihrauch und Schellen. Mithras hatte – wie die Inschriften zeigen – Senatoren, Ritter, Bürger, Freigelassene und Sklaven unter seinen Anhängern, allerdings, wie es scheint, keine Frauen. Das war gewiß ein gewichtiges Manko. Dafür besaß der Mithrasdienst eine eschatologische Kosmologie mit einem Endzeitheiland und verhieß die Unsterblichkeit. Umgekehrt heißt der Messias beim Propheten Maleachi (3,20) die «Sonne der Gerechtigkeit». Diese Übereinstimmungen fielen schon den Kirchenvätern im 2. Jahrhundert auf, sie sahen in ihnen schlaue Nachäffungen des Teufels, zu dessen Trabanten sie Mithras zählten.

Hätte der Sonnenglaube gesiegt, so wäre die Verbindung zur antiken Kultur sehr viel enger geblieben. Die innere Distanz der römischen Christen zum heidnischen Erbe ist doch beträchtlich. Die Autoren, die noch «tragbar» waren, wurden entsprechend der jüdisch-christlichen Moral sorgsam ausgesiebt. Waren die antiken Götter «Trabanten des Teufels», so gefährdeten die sie verherrlichenden Kulturwerke das Seelenheil jedes Gläubigen. Was die Christen deswegen an Kunstgütern durch Gewalt oder Nachlässigkeit zerstört haben, wäre erhalten geblieben, und das ist nicht wenig. Bei einem Fortbestand des Imperiums hätte sich die Arbeit der Renaissance und der Humanisten erübrigt.

Das von Julian verteidigte Heidentum sah sich nicht nur gegenüber dem Christentum in einer Defensivstellung, sondern ebenso gegenüber anderen expansiven Religionen, die sich hätten durchsetzen können. Geringe Chancen hätten wohl Religionen gehabt, deren Wurzeln außerhalb des Reiches lagen, weswegen sich nationale Vorurteile gegen sie richteten: so die Lehre des Persers Mani und die des Koraischiten Mohammed.

In englischen und irischen Mysterienspielen bekräftigt Pilatus seine Aussage, er finde keine Schuld an Jesus, mit einem Schwur bei Mohammed. Dies wäre ein wenig verfrüht, aber ist ein späterer Erfolg des Islam im heidnischen Imperium nicht denkbar? Ihn vermutete Jacob Burckhardt. «Nehmen wir zum Beispiel an, Mohammed hätte in der Folge seinen fanatischen Monotheismus ohne alle Einwirkung von christlicher Seite her zustande bringen können, so hätte das Heidentum am Mittelmeer dem ersten Angriff desselben so gewiß erliegen müssen als die Heidentümer Vorderasiens. Es war schon allzu tödlich geschwächt durch innere Zersetzung und neue willkürliche Mischung.» Um Burckhardt recht geben zu können, müßten wir uns einen Koran auf Griechisch vorstellen und einen Verzicht auf Beschneidung und Bilderverbot. Hätte der Islam um seiner Verbreitung im Westen willen sich darauf eingelassen? Koranübersetzungen ins Lateinische gab es, bei denen muslimische Gelehrte mitgewirkt haben.

Wenn wir die höchste Wahrscheinlichkeit derjenigen Religion einräumen, die dem Christentum am ähnlichsten war, so müßten wir die These vertreten, daß ohne das Christentum das Reich zum jüdischen Glauben übergegangen wäre. Dafür spricht, daß die jüdische Religion in Ausdehnung begriffen war. Die mehrfach bezeugte Proselytenmacherei war keine systematische Mission im Sinne des nachösterlichen Herrenwortes: «Gehet hin in alle Welt und lehret alle Völker!» Dennoch verbreitete sich der mosaische Glaube inner- wie außerhalb des Imperiums: Griechen drängten sich zu den jüdischen Gottesdiensten, gewiß nicht allein in Antiochia. Im 1. Jahrhundert traten die Könige von Adiabene im oberen Mesopotamien zum Judentum über, unter den Arabern im Jemen gewann es Anhänger, ebenso unter den türkischen Chasaren in Südrußland. Daher steht außer Frage, daß die jüdische Religion beträchtliche Anziehungskraft besaß und die Juden sich nicht mehr ausschließlich als Abstammungsgemeinschaft vom Erzvater Jakob verstanden.

Einer völligen Öffnung steht freilich entgegen, daß die Juden damit ihr Selbstverständnis als auserwähltes Volk hätten aufgeben müssen. Zur Weltreligion geworden, wären die Juden als Nation verschwunden wie Salz im Wasser. Wären sie zu einem solch weitgehend veränderten Selbstverständnis bereit gewesen? Um des Erfolges willen hätten die Reinheitsvorschriften, die Speisetabus und das Beschneidungsgebot aufgegeben werden müssen. Dies hat die Mission erschwert. Chancen hätte nur ein liberales Judentum gehabt, vertreten durch die «Proselyten des Tores», die den mosaischen Glauben, nicht aber die Rituale annahmen. Aber wurzelt die Kraft dieser Religion nicht gerade in dem periodisch aufkeimenden Fundamentalismus? Er sah in den Liberalisierungstendenzen stets eine Verwässerung des Glaubens. Schließlich hätte das Judentum, wenn schon keinen historischen Messias, dann wenigstens einen Organisator der Mission benötigt, einen unbekehrten Paulus, hat doch der bekehrte das Judentum in die attraktive, eben christliche Form gebracht, in der es die Welt eroberte. Voltaire meinte, die Christen seien ohnehin bloß unbeschnittene Juden.

Ein Weg des Judentums zur Weltreligion ist aufzeigbar. Nehmen wir an, Antonius Primus, der für Vespasian dessen Vorgänger und Konkurrenten Vitellius 69 n. Chr. bei Bedriacum besiegt hat, wäre unterlegen und Vespasian selber wäre im Kampf mit Vitellius oder vor Jerusalem umgekommen, dann hätte sein Sohn Titus das Kaisertum beansprucht. Um sich gegen Vitellius durchzusetzen, hätte er die Legionen aus Palästina benötigt. Zu diesem Zweck hätte er mit den Aufständischen in Jerusalem einen Frieden geschlossen und ihnen im Rahmen eines theokratischen Stadtstaates Autonomie gewährt. Der Tempel wäre erhalten geblieben. Titus hatte sein Herz an Berenike, die Schwester von Agrippa II und Urenkelin von Herodes dem Großen verloren. Aber die Bindung löste sich. Doch wäre sie erhalten geblieben, hätte die Jüdin den Kaiser vielleicht bekehrt, und Titus wäre der Constantin des Judentums geworden. Die auf Vespasian gesetzten Messiaserwartungen hätten sich in seinem Sohn glänzend bestätigt.

Hätte das Judentum anstelle des Christentums die Rolle als Weltreligion übernommen, dann hätte es auch keinen Antisemitismus im heutigen Sinne gegeben. Der Vorwurf seitens der

Christen, die Juden hätten Jesus ans Kreuz gebracht, die Anklage wegen Gottesmord, war die stärkste Triebfeder der Judenverfolgungen im Mittelalter, und sie wäre gegenstandslos gewesen, wenn sich Pilatus dem Sanhedrin widersetzt und Jesus geschont hätte. Gewiß ist die Judenfeindschaft älter als das Christentum, sie unterscheidet sich von der Feindschaft unter anderen Völkern so grundlegend, wie sich die Juden von diesen (und umgekehrt) unterscheiden.

Eine ganz andere Frage ist die, ob nicht das Christentum aus identitätsstrategischen Gründen das Judentum als Gegenbild benötigt hat, so daß wir, wenn die Weltrolle an das Judentum gefallen wäre, auch diesem einen Antipoden zuweisen müßten. Als «Juden» der Juden stünden zwei Völker zur Auswahl: die Griechen und die Araber. Im letzteren Falle hätte es bei einem siegreichen Judentum doch einen Antisemitismus gegeben, allerdings in anderem Sinne. Die Palästinenser sind ebenfalls Semiten. So wie die Juden betrachten auch die Muslime Abraham – arabisch Ibrahim – als ihren Stammvater.

Pontius Pilatus steht nicht grundlos im Credo. Hätte er geahnt, daß der Name jenes «Judenkönigs», das Christogramm, dreihundert Jahre später auf den Standarten des Kaisers stehen würde, daß Christen die Macht im Reiche übernehmen und die Juppiter-Tempel in Abstellräume verwandeln würden, dann hätte Pilatus diesen Jesus bestimmt laufen lassen. Hätte er ihn begnadigt, so wäre alles völlig anders, vielleicht ähnlich wie beschrieben gekommen. Pilatus wußte nicht, was er tat. Insofern konnte er seine Hände in Unschuld waschen.

Für den Historiker ist der bewußte, freiwillige Opfertod Jesu die nachträgliche Fehldeutung eines folgenreichen Justizmordes, sind der Glaube an die Auferstehung und die Hoffnung auf die Wiederkehr des Herrn Illusionen, ohne die eine andere Weltgeschichte erdacht werden müßte. Die christliche Kultur beruht auf diesem vierfachen Irrtum. Seine Aufdeckung durch die Wissenschaft beweist die menschliche Schwäche, deren Eingeständnis die Voraussetzung, deren Überwindung der Zweck des Glaubens ist.

Literatur

Alföldy, G., Pontius Pilatus und das Tiberieum von Caesarea Maritima. In: Scripta Classica Israelica 18, 1999, 85 ff

Ders., Zwei römische Statthalter im Evangelium: die epigraphischen Quellen. In: E. dal Covolo/R. Fusco (edd.), Il contributo delle scienze storiche allo studio del Nuovo Testamento. Atti del Convegno Roma, 2–6 Ottobre 2002, Città del Vaticano 2005, 216–242

Becker, J., Jesus von Nazareth, 1996

Blinzler, J., Der Prozeß Jesu, 1969

Bond, Helen K., Pontius Pilate in History and Interpretation, 1998

Bultmann, R., Die Geschichte der synoptischen Tradition, 1921/1957

Carmichael, J., The Death of Jesus, 1963

Centini, M., Ponzio Pilato, 1994

Creizenach, W., Legenden und Sagen von Pilatus. In: Paul, H./Braune, W. (Hgg.), Beiträge zur Geschichte der deutschen Sprache und Literatur 1, 1874, 89 ff.

Crossan, J. D., Der historische Jesus, 1994

Demandt, A. (Hg.), Macht und Recht. Große Prozesse der Geschichte, 1990

Ders., Hände in Unschuld. Pontius Pilatus in der Geschichte, 1999

Ders., Ein Prozeß Jesu fand nicht statt. In: Muscheler (Hg.), Römische Jurisprudenz. Dogmatik, Überlieferung, Rezeption. Festschrift für Detlef Liebs, Berlin 2011, S. 175 ff.

Dobschütz, E. v., Pilatus. In: Realenzyklopädie für protestantische Theologie und Kirche 15, 1904, 397 ff.

Eck, W., Rom und Jerusalem, 2008

Eckhardt, K. A., Die Herkunft des Messias. In: Archiv für Kulturgeschichte 31, 1942, 257 ff.

Ehling, K., Auch eine Frage des Protokolls? Überlegungen zur Feindschaft/Freundschaft zwischen Herodes Antipas und Pontius Pilatus (Lk. 23,12). In: Biblische Notizen 146, 2010, 101 ff.

Fascher, E., Pilatus. In: Pauly/Wissowa (Hgg.), Realencyclopädie der classischen Altertumswissenschaft (= RE) XX, 1950, 1322 f

Ders., Das Weib des Pilatus, 1951

Fricke, W., Standrechtlich gekreuzigt. Person und Prozeß des Jesus aus Galiläa, 1986

Harnack, A. v., Die Mission und Ausbreitung des Christentums, I/II, 1924

Hengel, M., Die Zeloten. Untersuchungen zur jüdischen Freiheitsbewegung in der Zeit von Herodes I bis 70 n. Chr., 1961

Ders., War Jesus Revolutionär?, 1970
Ders., Crucifixion in the Ancient World, 1977
Hennecke, E./Schneemelcher, W. (Hgg.), Neutestamentliche Apokryphen in deutscher Übersetzung, I/II, 1989/90
Hennig, D., Lucius Aelius Seianus. Untersuchungen zur Regierung des Tiberius, 1975
Jaroš, K., Jesus von Nazareth. Ein Leben, 2011
Kautzsch, E. (Hg.), Die Apokryphen und Pseudepigraphen des Alten Testaments, I/II, 1900
Kertelge, K. (Hg.), Der Prozeß gegen Jesus, 1988
Kraeling, C. H., The Episode of the Roman Standards at Jerusalem. In: Harvard Theological Review 35, 1942, 263 ff.
Lémonon, J.-P., Pilate et le gouvernement de la Judée, 1981
Liebs, D., Vor den Richtern Roms. Berühmte Prozesse der Antike, 2007
Ders., Der Prozeß Jesu. Ergänzungen zu Mayer-Maly 2003. In: F. Harrer (u. a. Hgg.), Gedächtnisschrift für Theo Mayer-Maly, 2011, 309 ff.
Lietzmann, H., Der Prozeß Jesu (1931). In: Ders., Kleine Schriften II, ed. K. Aland, 1958, 251 ff.
Lohse, E., Die römischen Statthalter in Jerusalem. In: Zeitschrift des deutschen Palästinavereins 74, 1958, 69 ff.
Lütolf, A., Sagen, Bräuche und Legenden aus den fünf Orten Luzern, Uri, Schwyz, Unterwalden und Zug, 1862
Maier, J., Geschichte der Juden im Altertum, 1989
Maier, P. L., The Fate of Pontius Pilate. In: Hermes 99, 1971, 362 ff.
Meyer, Ed., Sinn und Tendenz der Schlußszene am Kreuz im Johannesevangelium, Sb. AdW Berlin 23, 1924, 157 ff.
Millar, F., Reflections on the Trial of Jesus. In: Philip R. Davies / Richard T. White (eds.), A Tribute to Geza Vermes. Essays on Jewish and Christian Literature and History (Journal for the Study of the Old Testament, Supplement Series 100). Sheffield 1990, 355 ff.
Mommsen, Th., Judäa und die Juden. In: Ders., Römische Geschichte V, 1885, Kap. XI.
Ders., Römisches Strafrecht, 1899
Ders., Die Pilatus-Acten (1902). In: Ders., Gesammelte Schriften III (1907), 423 ff.
Müller, G. A., Pontius Pilatus, der fünfte Prokurator von Judäa etc., 1888 (Pilatus-Sagen! Bibliographie seit 16. Jahrhundert)
Norden, E., Josephus und Tacitus über Jesus Christus und eine messianische Prophetie (1913). In: Ders., Kleine Schriften zum klassischen Altertum, 1966, 241 ff.
Ders., Die Geburt des Kindes, 1924
Orth, W., Die Provinzialpolitik des Tiberius, 1970
Otto, W., Herodes 14–24, Herodianoi, Herodias. In RE (s. Fascher) Supplementband II 1913, S. 1–203

Reich, R., Caiaphas Name Inscribed on Bone Boxes. In: Biblical Archaeology Review 18, 1992, 41
Rigg, H. A., Barabbas. In: Journal of Biblical Literature 64, 1945, 414 ff.
Roloff, J., Jesus, 2000/2004
Rosen, K., Rom und die Juden im Prozeß Jesu. In: Demandt 1990, 39 ff.
Schäfer, P., Geschichte der Juden in der Antike, 1983
Ders., Judeophobia, Attitudes toward the Jews in the Ancient World, 1997
Ders., Jesus in the Talmud, 2007
Schürer, E., Geschichte des jüdischen Volkes im Zeitalter Jesu Christi, I, 1901/1970
Schweitzer, A., Geschichte der Leben-Jesu-Forschung, 1913/1933
Simon, M., Verus Israel. Relations entre juifs et chrétiens dans l'Empire romain 153–425, 1948
Ders., Mithra, rival du Christ? Études Mithriaques, Acta Iranica 17, (Kongr. Teheran 1975), 1978, 468 ff.
Smallwood, E. Mary, The Date of the Dismissal of Pontius Pilate from Judaea. In: Journal of Jewish Studies 5, 1954, 12 ff.
Solin, H., Pilatus. In: Arctos 6, 1970, 108 ff.
Stauffer, E., Zur Münzprägung und Judenpolitik des Pontius Pilatus. In: La Nouvelle Clio1/2, 1949/50, 495 ff.
Strobel, A., Der Termin des Todes Jesu. Überschau und Lösungsvorschlag unter Einschluß des Qumrankalenders. In: Zeitschrift für die Neutestamentliche Wissenschaft und die Kunde der Älteren Kirche 51, 1960, 69 ff.
Theissen, G./Merz, Annette, Der historische Jesus, 1997
Wilker, Julia, Für Rom und Jerusalem. Die herodianische Dynastie im 1. Jahrhundert n. Chr., 2007
Winter, P., On the Trial of Jesus, Studia Iudaica 1, Berlin 1961
Woude, A. S. van der, Die messianischen Vorstellungen der Gemeinde von Qumran, 1962
Yadin, Y., Epigraphy and Crucifixion. In: Israel Exploration Journal 23, 1973, 18 ff.
Zimmern, H., Zum babylonischen Neujahrsfest. In: Berichte über die Verhandlungen der Sächsischen Gesellschaft der Wissenschaften zu Leipzig, Philologisch-historische Klasse 70, 1918 Nr. 5

Bild- und Kartennachweis

Abb. S. 39: Aus Alexander Demandt, Hände in Unschuld. Pontius Pilatus in der Geschichte, 1999, 71; *Abb. S. 41:* Nach einer Vorlage des Autors; *Karten* gefertigt von Peter Palm, Berlin.

Stammtafel

DIE HERODEER

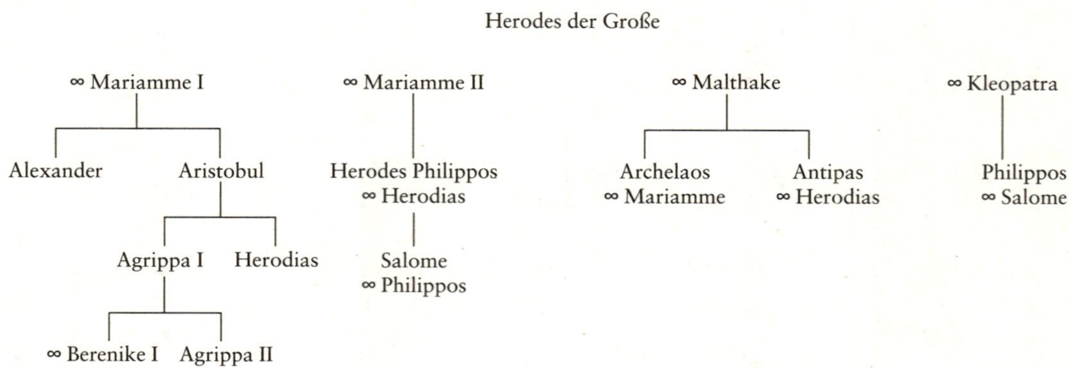

Zeittafel

~ 1000	David wird König
~ 970	Salomon wird König: Erster Tempelbau
~ 930	Reichsteilung: Juda im Süden, Israel im Norden
721	Assyrer-König Sargon II erobert Samaria
621	«Zweite» Gesetzgebung des Josia
587	Nebukadnezar erobert Jerusalem, Babylonische Gefangenschaft
538	Kyros gestattet den Juden die Heimkehr
515	Zweiter Tempel eingeweiht
~ 250	Griechische Bibel: Septuaginta
169	Antiochos IV erobert Jerusalem
167	Makkabäer-Aufstand
165/164	Buch Daniel
161	Hilfsgesuch von Judas Makkabäus an Rom
160	Jonathan folgt seinem Bruder Judas als Ethnarch über Israel
145	Jonathan erneuert den Bund mit Rom
105/104	Aristobol I König von Judäa
103	Sein Sohn Alexander Jannaeus König
64	Pompeius macht Syrien zur Provinz
63	Pompeius empfängt die Juden in Damaskus und erobert Jerusalem: Hyrkan II Ethnarch in Judäa
57	Gabinius Statthalter in Syrien
55	Der Idumäer Antipater regiert Judäa «unter» dem Ethnarchen Hyrkan II
53	Niederlage des Crassus bei Carrhae
47	Caesar bestätigt Antipater und Hyrkan II
44	Cassius in Syrien. Antipaters Sohn Herodes unterstützt die Caesarmörder
42	Augustus siegt bei Philippi über sie
37	Herodes erobert Jerusalem mit römischer Hilfe
31	Augustus siegt bei Actium und bestätigt Herodes
20	Baubeginn des dritten Tempels
6–4	Quinctilius Varus Legat in Syrien
4 v. Chr.	Tod des Herodes, Augustus teilt sein Reich
4 v. Chr.–6 n. Chr.	Archelaos Ethnarch von Judäa
4 v. Chr.–39 n. Chr.	Herodes Antipas Tetrarch von Galiläa

~1 v. Chr.	Geburt Jesu in Nazareth
6 n. Chr.	Augustus verbannt Archelaos. Judäa wird Teil der Provinz Syrien
	Quirinius Legat von Syrien, Volkszählung.
	Coponius erster Präfekt von Judäa
	Erhebung des Judas von Gamala.
9	Ambibulus zweiter Präfekt von Judäa
12	Annius Rufus dritter Präfekt von Judäa
19. VIII. 14	Augustus stirbt, Tiberius Kaiser
15	Valerius Gratus vierter Präfekt von Judäa
18	Gratus ernennt Kaiphas zum Hohen Priester
19	Tiberius verbannt die Juden aus Rom
26/27	Pilatus fünfter Präfekt von Judäa
~ 28	Taufe Jesu, Nikodemus-Passah (Joh. 2,13)
~ 29	Hinrichtung Johannes des Täufers, Brotvermehrungs-Passah (Joh. 6,4), Jesus auf dem Laubhüttenfest (Joh. 7,2)
7. IV. 30	Kreuzigung Jesu
35–39	Vitellius Legat in Syrien
36	Erhebung der Samaritaner
~ 36	Stephanus gesteinigt, Bekehrung des Paulus
37	Pilatus abgelöst, Kaiphas abgesetzt
16. III. 37	Tiberius stirbt, Caligula Kaiser,
	Vitellius zu Passah in Jerusalem, Kaiphas abgesetzt, Pilatus kommt nach Rom
	Herodes Agrippa I König von Peräa, 39 auch von Galiläa, 41 von Judäa
38	Judenhetze in Alexandria
40	Caligula befiehlt, sein Bild nach Jerusalem zu bringen
24. I. 41	Caligula ermordet. Claudius Kaiser
	Agrippa Klientelkönig von Judäa
44	Jakobus Zebedäi geköpft
~ 44	Bekehrung des Paulus vor Damaskus, Cuspius Fadus erster Präsidialprokurator in Judäa
45	Erhebung des Theudas
46	Tiberius Alexander zweiter Präsidialprokurator in Judäa
47	Erhebung der Söhne des Judas von Gamala
48	Ventidius Cumanus dritter Präsidialprokurator in Judäa
~ 48	Apostelkonzil in Jerusalem
~ 49	Claudius verbannt die Juden aus Rom
~ 50	Paulus in Korinth
50	Herodes Agrippa II König von Galiläa
51	Ummidius Quadratus Legat in Syrien

52	Antonius Felix vierter Präsidialprokurator in Judäa
13. X. 54	Claudius stirbt, Nero Kaiser
58	Paulus in römischer Haft in Caesarea
60	Porcius Festus fünfter Präsidialprokurator in Judäa
61	Paulus in Rom
62	Tod des Festus, Steinigung des Herrenbruders Jakobus Lucceius Albinus sechster Präsidialprokurator in Judäa
64	Gessius Florus letzter Präsidialprokurator in Judäa Brand Roms. Christenverfolgung Neros
66	Erhebung des Menahem in Jerusalem
67	Josephus in Jotapata gefangen
68	Erhebung Galbas, Tod Neros
1. VII. 69	Vespasian Kaiser
70	Jerusalem von Titus erobert, Tempel zerstört
73	Flavius Silva erstürmt Masada
~ 75	Markus-Evangelium
~ 80	Matthäus-Evangelium
~ 85	Evangelium und Apostelgeschichte des Lukas
~ 100	Johannes-Evangelium

Abkürzungen biblischer Schriften

Apg.	Apostelgeschichte des Lukas
Jak.	Brief des Jakobus
Jer.	Prophet Jeremia
Jes.	Prophet Jesaja
Joh.	Evangelium nach Johannes
Kor.	Brief des Paulus an die Korinther
Lk.	Evangelium nach Lukas
Mk.	Evangelium nach Markus
Mt.	Evangelium nach Matthäus
Off.	Offenbarung des Johannes
Phil.	Brief des Paulus an die Philipper
Ps.	Psalm
Thess.	Brief des Paulus an die Thessalonicher
Tim.	Brief (des Paulus) an Timotheus

Personenregister

Nicht aufgenommen sind häufig vorkommende Namen wie Pilatus, Jesus, Kaiphas, Herodes d. Gr., Antipas, Augustus und Tiberius, sowie Flavius Josephus und die Evangelisten.